영어야 영어야
나 좀 도와줘

영어야 영어야 나 좀 도와줘

펴낸날 2010년 10월 20일 1판 1쇄 | 2013년 10월 28일 1판 5쇄
글쓴이 안선모 | **그린이** 이승연
펴낸이 강진균 | **펴낸곳** 삼성당
편집 주간 강유균 | **기획** 변지연
디자인 안태현 | **제작** 강현배
마케팅 변상섭 나윤미 | **온라인** 문주강
주소 서울시 강남구 논현동 101-14 삼성당빌딩 9층
대표 전화 (02)3443-2681 | **팩스** (02)3443-2683
홈페이지 www.ssdp.co.kr
출판등록 1968년 10월 1일 제2-187호
ISBN 978-89-14-01755-0 (73810)
ⓒ (주)삼성당 2010

· 이 책은 저작권법에 따라 보호받는 저작물이므로 무단전재와 무단복제를 금지하며,
  이 책 내용의 전부 또는 일부를 이용하려면 반드시 (주)삼성당의 서면 동의를 받아야 합니다.
· 파본은 바꾸어 드립니다.

영어를 배우면 자신감이 생겨요!

어린이 여러분!
'지구 마을'이라는 말을 들어 보셨지요? 지구가 이제는 가까운 마을이 되었다는 뜻이에요. 교통 통신, 과학 기술의 발달로 아주 먼 거리도 빨리 갈 수 있을 뿐 아니라, 먼 곳에 사는 사람과도 얼굴을 마주 보며 마치 바로 앞에 있는 듯 대화를 나눌 수도 있게 되었어요.
그런데 만약 언어가 통하지 않는다면 어떨까요? 손짓 발짓만으로는 충분하게 의사 표현을 할 수 없겠죠? 이럴 때 필요한 게 바로 영어예요. 세계 사람들이 가장 많이 쓰는 언어, 영어를 할 줄 안다면 상대방의 생각과 느낌을 정확히 알아낼 수 있어요.

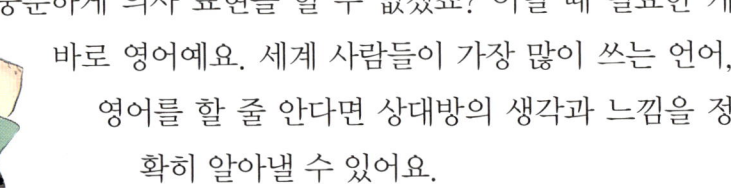

　이제 여러분이 뛸 무대는 우리나라만이 아니에요. 세계 각국으로 진출하여 자신의 꿈을 활짝 펼쳐야 하는데 이때 꼭 필요한 것이 바로 영어랍니다.

　여러분들이 《영어야 영어야 나 좀 도와줘》 시리즈를 통해 영어가 왜 필요한지, 영어는 어떻게 배워야 하는지 또 영어와 한국어는 어떻게 다른지 배웠으면 좋겠어요. 다른 나라의 언어를 배우려면 그 나라의 문화를 이해하는 것도 필요하답니다. 영어를 배우고 나면 다른 나라 친구들에게 우리의 아름다운 문화를 이야기해 주는 거 잊지 마시고요.

　혹시 영어만 생각하면 머리가 지끈지끈 아프거나, 영어에 자신감이 없어 쭈뼛거리고 입을 꾹 다무는 어린이가 있다면 이 책을 천천히, 꼼꼼히 읽어 보세요. 영어에 대한 자신감이 쑥쑥 자랄 거예요.

　You can do it!

안선모

차례

인사말
미국에서 온 **엄친아**   8

날씨
할머니 **기상 캐스터**   20

가족
대가족이 좋아요!   32

신체
숏다리와 롱다리   44

동물
동물 보호 운동가   56

과목
내 맘대로 **시간표**　　　　**72**

음식
한국 음식 홍보 대사　　　**82**

색깔
겁쟁이 티라노　　　　　　**96**

명절
그리운 **한국**　　　　　　　**108**

선물
산타클로스 할머니　　　　**120**

인사말
미국에서 온 엄친아

"친구를 만났을 때 하는 인사는 'Hello!' 또는 'Hi!' 입니다. 자, 따라 하세요."

아빠의 말에 온 식구가 신나게 영어를 따라 했습니다.

"Hello, Hi!"

"영어가 어려운 줄 알았는데 참 쉽네."

할머니의 말에 식구들이 활짝 웃었습니다.

"Good morning!"

아빠의 말이 끝나자마자 할머니가 제일 큰 목소리로 자신 있게 외쳤습니다.

"굶었니!"

할머니의 말에 나온이와 다온이가 배꼽을 쥐고 웃었습니다.
"아, 어떡해. 너무 웃었더니 배가 아파."
"할머니, '굶었니'가 아니고 'Good morning'이에요."
"내 귀에는 '굶었니'로 들리는데?"

우리말 풀이

- Hello. 안녕.
- Hi. 안녕.
- Good morning. 안녕. (아침 인사)

요즘 나온이네 식구들은 영어를 배우고 있습니다. 손님맞이 준비 때문입니다. 엄마의 여고 동창생이자 단짝 친구인 은실 이모가 10년 만에 한국에 온다고 합니다. 은실 이모는 결혼과 동시에 미국 버지니아 주로 떠났는데 아들 찰스에게 한국말과 한국 문화를 가르쳐 주기 위해서 한국에 잠시 오는 것입니다.

은실 이모의 아들인 찰스는 나온이와 같은 나이입니다. 그래서 찰스가 한국에 오면 나온이와 같은 학교에 다닐 거라고 합니다.

"큰일 났네. 우리 집에는 침대도 없고, 더군다나 한옥이어서 불편한 게 한두 가지가 아닐 텐데."

엄마의 말에 아빠가 빙그레 웃으며 말했습니다.

"찰스가 그렇게 공부를 잘한다며?"

"아주 똘똘하다고 하니까 이번 기회에 우리 나온이랑 다온이 영어 좀 가르쳐 달라고 하면 되겠어요."

엄마 아빠가 주고받는 말을 들으니 나온이 속이 부글부글 끓어오릅니다.

"난 싫어! 찰슨지 뭔지 하는 애한테 절대 영어 안 배울 거야!"

나온이는 화가 나서 휙 돌아서며 말했습니다.

> 우리말 풀이
> - body language
>   몸짓 언어

"뭐라고! 요즘 같은 세상에 영어는 필수야, 필수!"

엄마가 큰 소리로 외쳤습니다.

그때 다온이가 약 올리듯 말했습니다.

"누나, 영어 못하면 외국에도 못 가."

"쪼그만 게 뭘 안다고! 영어 몰라도 외국 갈 수 있어!"

"갈 수는 있지! 말이 안 통해서 그렇지!"

"말 안 통해도 돼. 대충 body language로 하면 되지 뭐가 걱정이야."

말은 그렇게 했지만 나온이는 마음이 씁쓸합니다. 왜 그렇게 영어가 싫은지 모르겠습니다. 영어의 '영' 자만 들어도 가슴이 덜컹 내려앉는 것 같습니다.

"촌스럽게 찰스가 뭐야, 찰스가! 멋진 이름이 얼마나 많은데 리처드, 미셸, 데이비드……."

나온이는 괜히 이름 갖고 트집을 잡습니다.

그런데 도착 예정일 사흘 전에 은실 이모에게 전화가 왔습니다. 나온이는 엄마와 은실 이모가 무슨 이야기를 하는지 궁금했습니다. 그래서 엄마 곁에 찰싹 붙어 앉아 통화 내용을 엿들

었습니다.

"이번에 나는 못 들어가고, 찰스 혼자만 가게 됐어. 10년 만에 친구 얼굴 좀 볼 수 있으려나 했는데……."

- Don't worry about it.
  그건 걱정 안 해도 돼.

은실 이모의 목소리가 들려옵니다.

"아니, 그게 무슨 말이야. 찰스만 보낸다고?"

엄마가 깜짝 놀라 목소리를 높였습니다.

"갑자기 어머니가 병원에 입원하시는 바람에 그렇게 됐어. 우리 찰스 좀 잘 부탁해. 그리고 여름방학 끝나고 찰스 미국에 들어올 때 나온이도 같이 보내기로 했던 거 잊지 않았지?"

"당연하지. 그나저나 찰스가 혼자 비행기 타고 올 수 있을까?"

"Don't worry about it."

"그래도 아직 초등학생인데……."

"이 기회에 독립심도 키우고 잘됐지 뭐."

나온이는 은실 이모의 말에 깜짝 놀랐습니다. 나온이는 지금까지 엄마 아빠와 떨어져 본 적이 한 번도 없기 때문입니다. 그러니까 혼자서 비행기 타고 멀리 간다는 건 상상할 수도 없는 일입니다.

'나 같으면 안 간다고 울고불고 난리가 났을 텐데. 찰스는 생각보다 용감한 면이 있네.'
나온이는 찰스에게 감탄했습니다.

드디어 찰스가 한국에 도착하는 날입니다. 나온이는 엄마 아빠 그리고 동생 다온이와 함께 공항에 나갔습니다. 공항으로 가는 차 안에서도 나온이는 속으로 영어 인사를 중얼거리며 연습했습니다.

'엄친아에게 절대로 기죽지 않을 거야!'

공항에는 오고 가는 사람들로 발 디딜 틈이 없습니다. 잠시 후 미국 워싱턴에서 출발한 비행기가 도착했다는 안내 방송이 나오더니 하나 둘 사람들이 짐이 가득 실린 손수레를 끌고 나옵니다. 사람들이 거의 다 나오고 나서야 한 아이가 두리번거리며 나오는 모습이 보입니다.

"어, 저기 저기!"

다온이가 사람들 틈에서 찰스를 발견했습니다.

배낭을 메고 씩씩하게 걸어 나오는 남자아이. 한눈에 보아도 찰스입니다.

"Charles, Right here!"

엄마가 반가워 손을 흔들자 찰스가 나온이와 다온이 쪽으로 걸어와 반갑게 인사를 합니다.

"I'm Charles. How are you?"

나온이는 순간 당황하여 얼굴이 빨개졌습니다.

"이건 또 무슨 소리야? 만날 때 하는 인사는 'Hello' 아니면 'Hi' 아닌가? 그것만 열심히 연습했는데."

다온이는 기 하나 죽지 않고 큰 소리로 인사를 건넸습니다.

"Hello, Charles! Hi, Charles!"

그런 다온이를 보더니 찰스가 씩 웃으며 악수를 청합니다. 나온이 쪽은 쳐다보지도 않습니다. 나온이는 자존심이 상했지만 꾹 참고 다른 인사말을 꺼냈습니다.

"It's good to see you."

찰스가 그제야 나온이 쪽으로 고개를 돌리며 대답했습니다.

"It's good to see you, friend!"

"뭐라고? 친구? 내가 왜 네 친구냐? 난 너 같은 친구를 둔 적 없다고!"

나온이는 중얼중얼 말했습니다. 찰스는 분명 한국말을 못 알아들을 테니까요. 그때 옆에 계시던 엄마가 나온이를 보며 살짝 눈을 흘기더니 말했습니다.

"나온아, 찰스가 한국말은 잘 못해도 말은 다 알아들어."

나온이는 엄마의 말에 화들짝 놀라 손바닥으로 입을 얼른 막았습니다. 그 모습을 본 찰스가 배꼽을 잡고 웃었습니다.

아빠도 찰스와 악수를 하며 인사를 합니다.

"Nice to meet you!"

"Nice to meet you, too!"

집으로 오는 자동차 안에서 찰스는 창밖 풍경을 보느라 정신이 없습니다. 미국과 다른 모습이 신기한가 봅니다.

저 멀리 멋들어진 한옥이 보입니다. 대문 앞에 할아버지와 할머니께서 나와 계십니다. 차에서 내리자마자 찰스는 할아버지, 할머니께 달려가 손을 흔들며 인사합니다.

"I'm Charles. Nice to meet you."

"얘가 뭔 소리를 하는지 도통 모르겠네. 철수야, 어서 오너라. 오느라고 고생했지?"

할머니는 찰스 손을 잡고 등을 토닥토닥 두드려 줍니다.

> **우리말 풀이**
> - How are you?
>   어떻게 지내니?
> - It's good to see you.
>   만나서 반가워.
> - Nice to meet you.
>   만나서 반가워.
> - Nice to meet you, too.
>   저도 만나서 반가워요.

"할머니, 철수가 아니고 찰스예요."

나온이가 아무리 말해도 할머니는 자꾸만 철수라고 합니다.

엄마, 아빠는 찰스에게 한국 인사법을 가르쳐 주었습니다.

"한국에서는 이렇게 절을 하는 거야."

찰스는 엉덩이를 엉거주춤 치켜든 채 절을 했습니다.

"한국, 인사, 너무, 어려워요."

찰스가 더듬거리며 말하자, 할머니가 활짝 웃으며 말했습니다.

"철수야, 이제 편히 앉아라."

나온이가 할머니의 말에 포기한 듯 말했습니다.

"우리 이제부터 찰스를 그냥 철수라고 불러요. 어차피 찰스에게도 한국 이름이 있어야 하잖아요."

찰스도 좋다는 듯 손뼉을 짝짝 치며 크게 외쳤습니다.

"나는 철수, 철수."

그림으로 배우는 영어

 How are you? 어떻게 지내니?

Fine. 잘 지내.   Not bad. 나쁘지 않아.

● 시간에 따라 인사말이 달라요

Good morning.

Good afternoon.

Good evening.

Good night.

● 반갑게 인사하기

미국 사람들은 잘 모르는 사람에게도 'Hello!' 또는 'Hi!' 라고 하며 편하게 인사를 합니다. 엘리베이터나 공원에서 처음 만나는 사람들끼리도 그렇게 인사를 하지요.
또 다른 인사법으로는 '하이파이브(high five)' 가 있어요. 손을 높이 들어 손바닥을 경쾌하게 부딪치며 반가운 마음을 표현하는 것이랍니다.

할머니 기상 캐스터

날씨

봄이 무르익어 갑니다. 온갖 꽃들이 뿜어내는 향기에 숨이 막힐 듯합니다. 할아버지와 엄마, 아빠 그리고 남동생 다온이는 집안 행사에 참석하려고 시골에 갔습니다. 지금 집에는 할머니와 나온이 그리고 철수밖에 없습니다.

나온이와 철수는 할머니와 함께 집 앞에 있는 텃밭에 나왔습니다. 텃밭에는 여러 가지 봄 채소가 자라고 있습니다.

할머니는 밭고랑을 다니며 잡초를 뽑으십니다. 나온이와 철수도 호미를 들고 할머니를 따라 풀을 뽑습니다.

"Wow, what a nice day!"

"그러게, 오늘 날씨 정말 좋다."

"풍덩 빠져들고 싶다."

풀을 뽑다 말고 철수가 하늘을 올려다보며 말합니다. 한국에 온지 한 달밖에 안 되었는데도 철수는 한국말을 곧잘 합니다.

우리말 풀이

- Wow, What a nice day!
 우아, 날씨 정말 좋다!

"으, 닭살!"

나온이는 소름이 돋는다는 듯 온몸을 떨었습니다.

그러자 철수가 눈을 동그랗게 뜨며 물었습니다.

"닭살? 그게 뭐지? 너 무슨 뜻으로 그러는 거야?"

"아참! 너 토종 한국 아이 아니었지? 내가 잠시 깜박했다."

"토종? 토종은 또 무슨 소리야?"

그러자 나온이가 으스대며 말했습니다.

"지금부터 한국말 수업할 테니 귀담아들어. 닭살 돋는다는 뜻은 피부에 오톨도톨하게 소름이 돋는다는 말인데, 네가 하늘을 보면서 하는 말이 웃겨서 하는 소리였어."

"아, 그런 뜻이구나. 그러면 토종은?"

"토종은 그 나라 땅에서 태어난 것이라는 뜻이야. 알겠어? 그런데 넌 어째서 애들 같지 않게 아침마다 날씨 이야기를 하니?"

"그럼, 내가 어른이란 말이야?"

"그런 말이 아니고. 아이고 답답해."

"답답? 내가 더 답답하다. 날씨가 얼마나 중요한데! 미국에서는 사람들이 처음 만날 때 주로 날씨 얘기를 많이 해."

철수 말을 듣고 보니 나온이는 할 말이 없습니다. 그러고 보니 날씨가 중요하긴 중요한 것 같습니다. 농부 아저씨와, 어부 아저씨 그리고 도시 사람들에게도 말입니다.

- Is it fruit? 그거 과일이니?
- I know. 나도 알아.

그때 할머니가 텃밭 한 귀퉁이에 만든 꽃밭을 가리키며 철수를 불렀습니다.

"철수야, 이리 와 보렴. 이게 바로 봉숭아란다. 곧 꽃이 피겠어. 벌써 꽃망울이 생겼네."

할머니의 말에 철수가 고개를 갸우뚱하며 물었습니다.

"Is it fruit?"

"먹는 과일은 복숭아고, 이건 봉숭아. 봉선화라고도 하지. 꽃잎을 따서 손톱에 빨갛게 물을 들이기도 한단다."

"I know. I know."

철수는 뭔가 생각이 난 듯이 제 이마를 탁 쳤습니다.

"엄마가 얘기했었어. 한국 사람들은 여름에 손톱에 빨간 물을 들인다고."

나온이는 그런 철수를 보며 대견한 듯 말했습니다.

"철수, 너 한국말 많이 늘었다. 이제는 더듬지도 않고."

그 말에 철수가 얼굴을 찡그리며 말했습니다.

"It's so strange."

"뭐가 또 이상해?"

"내 한국말 실력은 토끼 같은데, 나온이 네 영어 실력은 거북이 같아."

철수의 말에 나온이는 창피해서 얼굴이 빨개졌습니다. 그렇지 않아도 엄마에게 그런 말을 들었기 때문입니다.

"아이고, 무릎이야."

쪼그리고 앉아서 풀을 뽑던 할머니가 무릎을 주무르며 말했습니다.

"너희 내일 아침에 잊지 말고 우산 챙겨서 가거라. 아무래도 비가 올 것 같아."

"날이 이렇게 맑은데 무슨 비가 오려고요?"

"아니다. 분명히 비가 올 거야. 알 수 없는 게 날씨거든."

다음 날, 나온이와 철수는 부지런히 학교로 향했습니다.

"Oops, my umbrella!"

나온이는 할머니 말이 퍼뜩 생각나 걸음을 멈췄습니다.

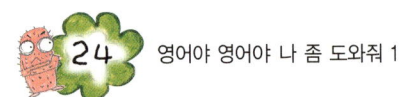

"Look at the sky! It's sunny and clear."

"That's right."

나온이와 철수는 다시 학교로 향했습니다. 나온이네 집은 도심에서 약간 떨어져 있어서 학교가 조금 먼 편입니다. 그런데 5분도 채 되지 않아 갑자기 하늘이 어두워지기 시작했습니다.

"It's getting cloudy."

이때 바람이 휙 불어왔습니다.

"It's very windy today!"

우리말 풀이

- It's so strange.
  근데 참 이상해.
- Oops, my umbrella!
  아차, 내 우산!
- Look at the sky!
  하늘 좀 봐!
- It's sunny and clear.
  햇빛이 나고 맑아.
- That's right. 맞아.
- It's getting cloudy.
  점점 흐려지고 있어.
- It's very windy today!
  오늘 바람이 많이 부네!

I can't catch it.

Oh, my hat!

우리말 풀이
- It's raining.
  비가 오고 있어.
- Grandmother is right.
  할머니 말씀이 맞네.

철수의 말이 끝나자마자 나온이의 야구 모자가 바람에 휘리릭 날아갔습니다.

"어, 내 모자!"

모자는 바람 따라 날아가 높은 나뭇가지에 걸렸습니다. 나온이는 나무 밑에서 발을 동동 굴렀습니다. 하지만 모자를 되찾을 방법이 없습니다. 할 수 없이 걸음을 옮기려는데 저 멀리서 요란한 소리가 들려왔습니다.

"우르릉 쾅쾅!"

"으악, 천둥이다."

나온이가 소리쳤습니다.

나온이와 철수는 간신히 학교에 도착했습니다. 다행히도 비는 오지 않았습니다. 하지만 공부를 마칠 즈음 창밖을 보니 비가 억수같이 쏟아지기 시작했습니다.

"It's raining. Grandmother is right."

철수가 할머니 말을 듣지 않은 것을 후회한다는 듯 중얼거렸습니다. 어쩔 수 없이 나온이와 철수는 비가 그치기를 기다리기로 했습니다.

"할머니 젊었을 때 직업이 기상 캐스터였지?"

철수의 말에 나온이가 피식 웃었습니다.

"뜬금없기는……. 할머니가 기상 캐스터였을 거라니?"

"날씨를 귀신같이 맞히셨잖아. 할머니는 분명히 기상 캐스터였을 거야."

"아니거든! 날씨를 맞히는 건 할머니 무릎 때문이야."

"그게 무슨 소리야? 무릎이 어쨌다고?"

"할머니 무릎이 아프면 날씨가 궂을 거라는 예측이 나오지. 심하게 쑤시면 비가 온다는 거고, 약하게 쑤시면 날이 흐릴 거라는 뜻이야."

할머니 기상 캐스터

철수의 말을 듣다 보니, 나온이의 머릿속에 기상 캐스터가 된 할머니의 모습이 떠올랐습니다. 백발의 할머니가 텔레비전에 나와서 말합니다.

　"어린이 여러분, 오늘은 학교 갈 때 꼭 우산을 갖고 가세요. 무릎이 자근자근 쑤시는 걸 보니 비가 많이 올 것 같아요."

　그리고 햇볕이 쨍쨍한 날에는 이렇게 말하는 거죠.

　"오늘 날씨를 말씀드릴게요. 오늘은 아주 맑을 거예요. 몸이 아주 개운한 걸 보니 맑을 것이 분명해요. 햇빛을 가릴 수 있는 모자를 꼭 쓰고 가세요."

　나온이는 할머니를 상상하며 킥킥거리고 웃었습니다.

　"너희 왜 집에 안 가고 여기 있니?"

　고개를 들어 보니 같은 반 쥬리입니다. 쥬리는 미국에서 잠깐 살다 온 아이인데 영어를 아주 잘합니다.

　"우산을 안 갖고 와서 그래."

　철수가 웃으며 말하자, 쥬리는 철수가 비에 맞지 않도록 우산을 씌워 주었습니다.

　쥬리는 철수에게 관심이 많습니다. 어떤 때는 둘이 영어로 대화를 나누기도 합니다.

"Don't worry. It will stop soon."
"I hope so."

그러면서 쥬리와 철수는 마주 보고 활짝 웃었습니다.

나온이는 갑자기 기가 팍 죽습니다. 외톨이가 된 기분도 듭니다. 영어 때문에 이렇게 기분이 나쁘기는 처음입니다.

우리말 풀이

- Don't worry. 걱정 마.
- It will stop soon. 곧 그칠 테니까.
- I hope so. 그러기를 바라.

우리말 풀이

- You are lucky.
  너는 좋겠다.
- I envy you.
  네가 부러워.
- You can have a talk with Charles everyday.
  너는 날마다 찰스와 영어로 대화할 수 있잖아.

'흥! 둘이 뭐라고 떠드는 거야? 영어 잘한다고 으스대기는!'

나온이는 쥬리를 향해 눈을 흘깁니다. 이상하게 철수가 쥬리하고 다정하게 이야기하는 것을 보니 갑자기 배가 아픕니다.

'내가 왜 이러지? 질투하는 건가?'

나온이는 고개를 흔들며 중얼거렸습니다.

"나온아, 이제 비 그쳤다. 빨리 집에 가자. 할머니가 걱정하시겠다."

철수가 나온이 어깨를 툭 치며 다정하게 말했습니다. 비는 어느새 그치고, 구름 사이로 햇빛이 비치고 있었습니다.

"You are lucky. I envy you. You can have a talk with Charles everyday."

쥬리가 부러운 듯 나온이를 바라보았습니다. 나온이는 어깨를 쓱 추켜올리며 쥬리를 향해 손을 흔들며 말했습니다.

"쥬리야, 잘 가!"

나온이는 오락가락하는 오늘 날씨가 꼭 자기와 닮았다는 생각이 듭니다.

가족

대가족이 좋아요!

아침부터 손님들이 하나 둘 도착하십니다. 멀리 떨어져 살아서 명절 때나 가끔 볼 수 있었던 작은집 식구들과 고모, 그리고 귀여운 사촌 동생도 왔습니다. 오랜만에 가족들이 다 모여서 그런지 집 안이 꽉 차 보입니다.

"옛날에는 가족이 다 같이 모여 살았는데 이제는 이런 날에만 만날 수 있구나."

할머니의 한숨 섞인 말에 작은아버지와 고모가 말했습니다.

"어머니, 앞으로 자주 올게요. 죄송해요."

철수가 이 사람 저 사람 사이를 돌아다니며 궁금한 듯 쳐다보았습니다.

"나온아, 철수에게 우리 가족 소개 좀 해 주렴."

철수의 모습을 본 할머니가 나온이에게 말했습니다.

나온이는 철수에게 가족을 소개하기 시작했습니다.

"우리 가족 소개를 할게. 이쪽에 계신 분은 작은아버지와 작은어머니야."

"Oh, I got it! Uncle and aunt!"

"이상하다. 영어에는 작은아버지, 작은어머니라는 표현이 없니? 왜 아저씨, 아줌마라고 하는 거야?"

그러자 철수가 어깨를 쓱 한번 올렸습니다. 모르겠다는 뜻입니다.

"여기 이 멋진 숙녀 분은 우리 고모."

"Aunt!"

"또 아줌마라고 하네. 고모한테도 아줌마라고 해?"

나온이는 어이없다는 듯 물었습니다.

"사실은 이모도 'aunt'라고 해."

철수는 어깨를 으쓱 들어 올리며 대답했습니다.

"영어는 남자 친척은 다 uncle, 여자 친척은 aunt로 부르면 되는구나. 한국에서는 누나, 언니, 오빠, 형, 동생, 고모,

이모, 당숙, 백부, 숙부…… 으, 생각만 해도 골치 아파."

나온이는 어찌 보면 영어가 한국어보다 훨씬 쉬울지도 모른다는 생각이 들었습니다.

"여기는 우리 언니. 이름은 박가온."

나온이 언니 가온이는 전교생 모두 기숙사 생활을 하는 학교에 다니고 있습니다.

"Are you Charles? I'm the oldest daughter."

"Sister? Younger sister!"

> **우리말 풀이**
> - Oh, I got it!
>   오, 알겠어!
> - Uncle and aunt!
>   아저씨와 아줌마!
> - Are you Charles?
>   네가 찰스니?
> - I'm the oldest daughter.
>   난 이 집 맏딸이야.
> - Sister? 여자 형제?
> - Younger sister!
>   여동생!

철수가 가온이 누나를 향해 눈을 찡긋하며 말했습니다.

"뭐야? 언니란 말이야, 언니!"

나온이가 팔짝팔짝 뛰며 소리를 질렀습니다.

"내 눈에는 나온이 네가 언니처럼 보이는데……."

그러면서 철수는 또 한 번 눈을 찡긋거렸습니다. 그 모습을 못 본 사람은 나온이 혼자뿐입니다. 나온이는 화가 나서 씩씩대며 외쳤습니다.

"나 참 기가 막혀서 가온이 언니는 고등학생이란 말이야. 나

는 초등학생이고."

다른 식구들은 웃고 있지만 나온이는 눈물이 나오려고 했습니다. 언니보다 늙어 보인다는 철수의 말에 충격을 받았기 때문입니다.

"Ha ha, it's just a joke."

티격태격하는 나온이와 철수의 모습에 가족들이 배꼽을 잡고 웃었습니다. 나온이는 눈물을 닦고 다시 소개를 시작했습니다.

"여기 귀여운 아기는 사촌 동생 라온이."

"사촌은 cousin. 안녕! 라온!"

이제 두 돌을 맞은 사촌 여동생 라온이는 철수를 보고 방긋방긋 웃습니다.

"이것 좀 봐. 역시 나는 인기가 좋아."

철수의 말에 온 식구가 또다시 큰 소리로 웃었습니다.

"솔직히 말해서 철수 형이 오고 나서 내 인기가 줄어들었어."

다온이도 한마디 거들었습니다.

가족 소개를 마치고 나서 나온이는 궁금한 듯 철수에게 물었습니다.

"그런데 영어 표현은 왜 그렇게 단순해?"

나온이의 말에 철수가 대답했습니다.

"영어는 간단해. 그러니까 어찌 보면 배우기가 쉽다는 얘기지. 엄마는 mom과 mother, 아빠는 dad와 father, 할머니 할아버지는 엄마 아빠를 나타내는 말 앞에 'grand'만 붙이면 돼."

"우리말에도 아버지, 어머니 앞에 똑같이 '할' 자가 붙는데, 그런데 grand는 무슨 뜻이야?"

> **우리말 풀이**
> - Ha ha, it's just a joke.
>   하하, 농담이야 농담.
> - cousin 사촌
> - mother(mom) 엄마
> - father(dad) 아빠
> - grand 위엄 있는

다온이의 물음에 철수가 빙긋 미소를 지으며 대답했습니다.

"grand는 '위엄 있는', '웅장한' 이라는 뜻이야. 할머니는 grandmother라고 부르거나 grandma, 할아버지는 grandfather 또는 granddad라고 하면 돼."

철수는 신이 나서 설명했습니다.

"남자 형제는 brother. 나이 어린 동생을 나타낼 때는 그 앞에 younger. 나이 많은 형제를 나타낼 때는 elder를 붙이면 되지."

"영어 호칭은 한국어 호칭보다 훨씬 간단하네."

나오니와 다온이가 고개를 끄덕이며 말하자 아무것도 모르는 라온이도 고개를 끄덕였습니다.

"하하하, 라온이 좀 봐. 언니 오빠를 그대로 따라 하네."

어른들은 라온이 모습에 또 웃음을 터트렸습니다.

"그러니까 한국말 배우는 것보다 영어 배우는 게 훨씬 쉽다는 거 알았지? 앞으로는 영어 어렵다고 엄살 피우지 말고 열심히 해."

철수는 꼭 이렇게 '엄친아' 티를 냅니다.

"그런데 오늘 무슨 날이에요? 왜 가족들이 이렇게 많이 모인 거예요?"

철수가 문득 생각났다는 듯 묻자, 나온이가 깜짝 놀라며 말했습니다.

"철수야, 오늘이 5월 8일 어버이날이라는 것도 몰랐어?"

"Parents' Day?"

철수가 달력을 쳐다보며 말했습니다.

"미국에는 Mother's Day가 있는데 5월 8일이 아니야."

"Then, when is it?"

우리말 풀이

- grandmother (grandma) 할머니
- grandfather (granddad) 할아버지
- brother 남자 형제
- younger 더 어린
- elder 더 많은
- Parents' Day 어버이날
- Mother's Day 어머니날
- Then, when is it? 그럼, 언제야?

Today is Parents' Day.

다온이는 눈을 반짝이며 물었습니다. 다온이는 누나 나온이보다 영어를 잘 받아들입니다. 마치 스펀지처럼 쏙쏙 빨아들인다고나 할까요?

"미국의 어머니날은 날짜가 한국처럼 딱 정해져 있지 않아. 5월 두 번째 일요일이 바로 어머니날이야."

"형! 그렇다면 아버지날도 있어?"

"물론 있지! 아버지날은 6월 셋째 주 일요일이야."
철수가 빙긋이 웃으며 말했습니다.
"저는 앞으로 미국에 살게 되어도 꼭 한국 여자를 만나 결혼할 거예요. 그리고 한국에 나와서 대가족을 이루고 살래요."
그 말에 어른들이 흐뭇한 미소를 지었습니다. 나온이는 철수의 말에 괜히 얼굴이 빨개졌습니다. 철수가 그 말을 하면서 나온이 쪽을 바라보았기 때문입니다.
작은아버지와 고모가 할아버지, 할머니에게 빨간 카네이션을 꽂아 드렸습니다.
"어머니, 아버지! 저희를 낳아 주시고, 길러 주셔서 고맙습니다. 오래오래 건강하세요."
이어서 엄마, 아빠가 선물을 드렸습니다. 그리고 온 가족이 둥그렇게 앉아 어버이날 노래를 불렀습니다.
노래를 들으며 철수는 고개를 푹 숙였습니다. 식구들은 그 모습을 보며 서로 눈짓을 했습니다. 말은 안 했지만 지금 철수는 미국에 있는 가족이 그리운 것입니다. 나온이는 가슴 한쪽이 찡했습니다.
'앞으로 철수에게 잘해 줘야지. 혼자 떨어져 있는데도 힘든

우리말 풀이

- It's too early, I'll do it later on.
  지금은 새벽이니까 이따가 할게요.

내색 한번 안 하고.'
나온이는 속으로 다짐했습니다.
"철수야, 미국에 전화 한번 넣으렴."
엄마의 말에 철수가 다시 환한 얼굴로 대답했습니다.

"It's too early, I'll do it later on."

노래가 끝나고 나온이네 가족은 둥그렇게 둘러앉아 맛있는 저녁을 먹었습니다. 도란도란 이야기꽃도 피웠습니다.

철수는 한국에 온 것을 기쁘게 생각했습니다. 혼자 가야 한다고 했을 때, 얼마나 두려웠다고요. 만약 한국에 오지 않았다면 어떻게 되었을까요? 이렇게 아름다운 가족을 만나지 못했겠죠?

철수는 빙그레 웃으며 가족들의 얼굴을 한 명 한 명 자세히 보았습니다.

신체

숏다리와 롱다리

오늘은 학교에서 체격검사를 하는 날입니다. 나온이는 일주일 전부터 다이어트를 했습니다. 키도 작은데 몸무게까지 많이 나오면 큰일이기 때문입니다.

남자아이들은 아무렇지 않은 표정을 지었지만 여자아이들의 얼굴에는 살짝 긴장한 표정이 보였습니다.

"Let's measure your height."

아이들은 한 명씩 앞으로 나가 키와 몸무게가 동시에 나오는 측정기 앞에 섰습니다.

나온이는 있는 힘껏 배를 집어넣었습니다.

그때 철수가 지나가면서 툭 한마디 던졌습니다.

"배 집어넣어도 아무 소용없어."

그 말에 남자아이들이 손뼉을 치며 웃어댔습니다. 나온이의 얼굴이 빨개졌습니다.

'어이구, 한집에 살면서 도와주지는 못할망정 망신만 주고 있어. 너, 어디 두고 보자!'

나온이는 속으로 이를 부득부득 갈았습니다.

> **우리말 풀이**
> - Let's measure your height.
>   먼저 키를 재어 보자.

쥬리가 측정기 위에 올라갔습니다.

"와, 쥬리는 롱다리에 얼굴도 예쁘고, 영어도 잘하고. 신이 내려 준 몸매다!"

남자아이들이 떠들썩하니 난리가 났습니다. 나온이가 보기에도 쥬리의 다리는 정말 길었습니다.

'쥬리는 도대체 뭘 먹었기에 영어도 잘하고, 키도 큰 거야?'

나온이는 속으로 중얼거립니다. 정말 부러워 죽겠습니다.

'I have short legs. I'm poor at English.'

갑자기 서글픈 생각이 듭니다. 일주일 동안이나 다이어트를 했지만 몸무게는 겨우 300그램 줄었습니다.

집에 돌아와서 나온이는 부엌에서 저녁 식사를 준비하고 있는 엄마에게 달려갔습니다.

"엄마! 난 도대체 누굴 닮아서 이렇게 숏다리인 거야?"

그때 부엌에 들어오던 할머니가 그 소리를 듣고 물었습니다.

"숏다리? 그게 무슨 소리냐?"

나온이 엄마는 피식 웃으며 말했습니다.

"어머니, 그건 다리가 짧다는 소리예요."

"네가 다리가 짧다니? 누가 그런 흉측한 소리를 하더냐? 그

나이에 딱 그만하면 됐지. 전봇대처럼 키만 멀쑥하니 큰 게 뭐가 좋다고!"
할머니가 언성을 높여 말했습니다.

> 우리말 풀이
> - I have short legs. 나는 숏다리.
> - I'm poor at English. 영어도 지지리 못하고.
> - I'm sorry. 죄송해요.

"엄마 아빠는 키가 크잖아. 가온이 언니랑 다온이도 키가 큰 편인데 왜 나만 이렇게 작아요? 다리도 짧고!"
나온이가 투덜거리고 있는데 때마침 들어오던 철수가 얼른 말했습니다.
"아, 그러고 보니 나온이 너 할머니 쏙 빼닮았다. 키 작은 것도 그렇고 다리 짧은 것도 그렇고."
"그래서 뭐! 사는 데 지장 있다더냐?"
할머니가 소리를 버럭 지르고 나갔습니다.
"철수야, 너 도대체 눈치는 어디다 팔아먹은 거니? 할머니 닮아서 '숏다리' 라고 하면 좋아할 사람 누가 있냐고!"
"I'm sorry."
철수는 머리를 긁적이며 사과했지만 이미 쏟아진 물입니다.
나온이는 저녁을 먹는 둥 마는 둥하고 방으로 들어왔습니다.
"왜 난 이렇게 생긴 거야? 쌍꺼풀도 없고, 코도 납작하고, 게

다가 키까지 작으니. 휴!"

거울 속에 비친 얼굴을 보니 한숨만 푹푹 나왔습니다.

요즘 반에서 제일 인기가 많은 아이는 쥬리입니다. 쥬리가 미니홈피를 만들어 자신의 사진을 올렸는데, 아이들 말에 의하면 '탤런트' 뺨치게 예쁘다고 합니다. 나온이는 살짝 쥬리의 미니홈피에 들어가 보았습니다. 사진 속의 쥬리는 정말 예쁩니다. 마치 여신 같습니다.

nose는 더 높게!

eyes는 더 크게!

body는 더 날씬하게!

legs는 더 길게!

"흥! 나도 미니홈피 만들 거다!"

나온이는 엄마 휴대전화를 갖고 와 셀카로 자신의 얼굴을 찍고, 포토샵 프로그램으로 얼굴을 뽀얗게 만들었습니다.

입가에 있는 점도 빼 버렸습니다. 입가의 점은 성형외과에 가서 빼달라고 그렇게 졸랐지만 엄마는 들은 척도 하지 않습니다.

입가의 점을 빼면 '먹을 복'이 없어진다고 하면서 말도 못 꺼내게 합니다.

우리말 풀이
- nose 코
- eyes 눈
- body 몸
- legs 다리
- Charles and Daon. 찰스야, 다온아.
- Come and see. 얼른 이리 와서 구경해.

"Charles and Daon. Come and see."

나온이는 철수와 다온이를 컴퓨터 앞으로 불렀습니다. 이것저것 구경을 하던 철수가 시무룩한 목소리로 말했습니다.

"컴퓨터 속의 나온이는 지금의 너보다 예쁘기는 하지만 너무 낯설어. 난 있는 그대로의 박나온이 좋은데……."

"나도 그래. 여기 컴퓨터 속의 누나는 가짜야. 그리고 가짜는 나쁜 거야."

다온이도 인상을 쓰며 말했습니다.

철수와 다온이가 나간 후, 나온이는 가만히 컴퓨터 속의 자신을 살펴보았습니다.

　나온이가 보기에도 인형처럼 예쁜 모습입니다. 하지만 그건 철수와 다온이가 말한 대로 진짜가 아닙니다.

　나온이는 고개를 설레설레 흔들며, 컴퓨터 속의 사진을 삭제했습니다.

　"그래, 난 나야! 박나온! 키 작고, 못생기고 영어도 못하는 나! 그냥 나답게 살자, 박나온! 알겠냐? 그래도 찾아보면 잘하는 게 하나라도 있겠지 뭐."

　나온이는 긍정적으로 생각하기로 마음먹었습니다. 힘든 일이 있을 때, 어려운 일이 있을 때 좋은 생각을 하면 반드시 좋은 일이 일어날 거라고 생각하기로 했습니다.

　체육 시간이었습니다. 여자아이들 모두가 함께 달리기를 하는데 쥬리와 나온이가 제일 앞장서서 달렸습니다. 결승점에 거의 비슷하게 들어와 누가 일등인지 가릴 수가 없었습니다.

　"Juri and Naon have finished first!"

　선생님의 말에 쥬리가 입을 삐죽 내밀며 말했습니다.

　"다시 뛸게요. 일등이 둘이라는 건 있을 수 없는 일이죠!"

나온이는 어처구니 없다는 듯 쥬리를 바라보았습니다. 쥬리는 뭐든지 일등을 해야만 직성이 풀리는 아이입니다. 그렇게 해서 다시 운동장 한 바퀴를 뛰게 되었습니다.

"롱다리와 숏다리의 대결!"

영준이의 말에 아이들이 수군거리기 시작했습니다.

"Who will win?"

"당연히 롱다리가 이기겠지!"

"Oh, you're right. I also think Juri will win."

"나도! 나도!"

그때 철수가 크게 외쳤습니다.

"No, I think Naon will win."

그 목소리를 듣자, 쥬리의 얼굴이 석고처럼 굳었습니다. 다른 아이들이 다 쥬리가 이길 거라고 얘기하는데 혼자서 나온이 편을 드는 철수가 이상했습니다. 쥬리는 자꾸만 철수를 쳐다보았습니다.

"우리 내기할래?"

우리말 풀이

- Juri and Naon have finished first!
  쥬리와 나온이가 일등이다!
- Who will win?
  누가 이길까?
- Oh, you're right.
  오, 네 말이 맞아.
- I also think Juri will win.
  나도 쥬리가 이길 거라고 생각해.
- No, I think Naon will win.
  아니, 나온이가 이길 걸.

철수의 말에 아이들이 일제히 고개를 끄덕였습니다. 나온이가 이길 거라는 아이는 열 명도 채 안 되었습니다. 나머지 아이들은 모두 쥬리 편입니다.

"일주일 동안 가방 들어주기 어때?"

"그거 너무 약하잖아. 한 달 동안으로 하자!"

영준이는 쥬리가 이길 거라고 자신하면서 말했습니다.

"Okay!"

철수가 흔쾌히 대답했습니다. 아이들의 모습에 선생님도 흥미가 있다는 듯 미소를 지었습니다.

> 우리말 풀이
> - Okay! 좋아!
> - You can do it. 넌 할 수 있어.

'두고 봐, 숏다리의 끈기를 보여 줄 테니.'

나온이는 이를 악물었습니다. 쥬리는 여유 만만하게 다리 운동을 하고 있습니다. 보고 또 보아도 정말 긴 다리입니다. 그 모습을 보자, 나온이는 갑자기 풀이 팍 죽습니다.

그때 철수가 나온이를 향해 윙크를 했습니다.

'You can do it.'

우리말 풀이

- Hurrah for the short legs!
  숏다리 만만세!

이런 뜻인 것 같습니다. 나온이는 온몸에서 힘이 불끈 솟아오르는 것을 느꼈습니다.

"삐리릭!"

선생님이 호루라기를 불었습니다. 처음에는 쥬리가 한참 앞질러 갔습니다. 나온이는 짧은 다리를 잽싸게 움직여 쥬리 뒤를 보고 죽기 살기로 달렸습니다. 운동장을 반 바퀴쯤 뛰었을 때, 쥬리 발걸음이 휘청거리기 시작했습니다. 쥬리의 거친 숨소리가 크게 들렸습니다. 쥬리는 처음부터 너무 힘을 내어 뛰었기 때문에 금세 지쳐 버린 것입니다.

나온이는 드디어 결승점에 도착했습니다. 뒤돌아보니 쥬리가 그 자리에 주저앉아 있었습니다.

"숏다리 만세!"

"Hurrah for the short legs!"

나온이 편을 든 아이들이 신이 나서 외쳤습니다. 나온이는 하늘로 날아오를 듯, 기분이 붕 떴습니다.

그림으로 배우는 영어

 I'm so perfect. 나는 정말 완벽해.

 What? Your legs are too short. 뭐라고? 네 다리는 너무 짧아.

● 우리 몸을 살펴봐요

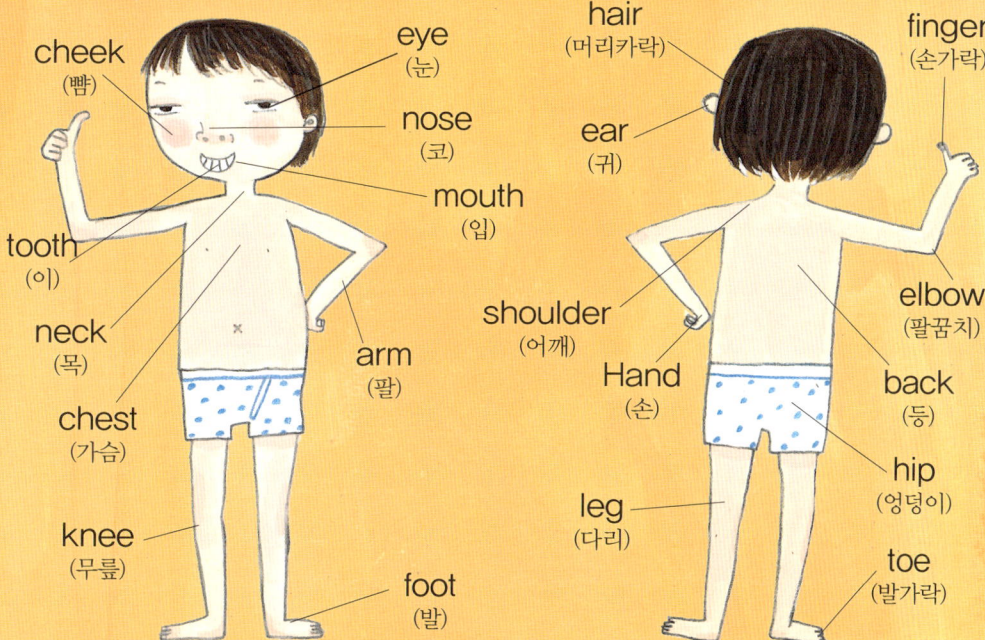

- cheek (빰)
- eye (눈)
- nose (코)
- mouth (입)
- tooth (이)
- neck (목)
- chest (가슴)
- arm (팔)
- knee (무릎)
- foot (발)
- hair (머리카락)
- ear (귀)
- shoulder (어깨)
- Hand (손)
- leg (다리)
- finger (손가락)
- elbow (팔꿈치)
- back (등)
- hip (엉덩이)
- toe (발가락)

● 손가락으로 수 세기

손가락을 이용하여 수를 셀 때 우리나라 사람들은 손가락을 모두 편 상태에서 엄지부터 하나씩 구부리며 '하나, 둘, 셋, 넷, 다섯!' 하고 세지요. 그런데 미국 사람들은 주먹을 쥔 상태에서 새끼손가락부터 펴면서 'one, two, three, four, five!' 하며 수를 셉니다.

one, two, three

동물 보호 운동가

드디어 여름방학이 시작되었습니다.

"늦잠 잘 생각을 하니 하늘을 날 것 같다."

방학하는 날, 철수는 싱글벙글 웃으며 말했습니다. 그랬던 철수가 이상한 행동을 하기 시작했습니다. 날마다 아침 일찍 어디를 갔다 오는 것입니다.

"수상해, 수상해. 새벽같이 어디를 가는 거지?"

"누나, 우리 철수 형 미행해 보자."

"It's good idea."

다온이와 나온이는 신이 났습니다.

"그러면 내일 아침에 철수 형을 따라가 보자."

이튿날 아침, 철수는 다른 때와 똑같이 일찍 일어나 어딘가로 향했습니다. 나온이는 다온이와 함께 철수 뒤를 살금살금 뒤따라갔습니다.

"Oh, where did he go?"

그런데 대문을 나서 골목을 따라 한참 가다가 공사장 근처에서 철수를 놓쳤습니다. 그곳은 원래 재래시장이었는데 건물을 새로 짓기 위해 모두 헐어 버린 곳입니다. 나온이와 다온이가 한참 두리번거렸지만 철수의 모습은 보이지 않았습니다.

그만 포기하고 집에 돌아가려는데, 다온이가 나온이 티셔츠 자락을 살짝 잡아당기며 속삭였습니다.

"누나! 쉿! 저기 좀 봐."

우리말 풀이

- It's good idea. 좋은 생각이야.
- Oh, where did he go? 어, 금세 어디 갔지?

"어디 어디!"
무너진 건물 틈에서 고양이 한 마리가 팔짝 뛰어나왔습니다.
"Hey, kitty. Come over here and eat."
고양이를 부르는 남자아이 목소리가 들렸습니다. 분명 철수 목소리입니다. 자세히 살펴보니 철수가 참치 통조림을 따서 고양이를 부르고 있었습니다. 고양이는 처음에는 경계하는 듯 멈칫거렸지만 곧 참치 통조림 쪽으로 다가왔습니다.

참치를 먹으려고 하는데 어디선가 개가 울부짖는 소리가 들렸습니다. 그 소리를 듣자 고양이가 어디론가 잽싸게 달려갔습니다.

"Where are you going? You should have this."

고양이를 따라 철수가 달려갔습니다. 그 뒤를 따라 나온이와 다온이도 달렸습니다.

우리말 풀이

- Hey, kitty. Come over here and eat.
  키티, 이리 와. 밥 먹어야지.
- Where are you going?
  어디 가는 거야?
- You should have this. 이거 먹어야지.

"너희가 왜 여기에 있어?"

나온이와 다온이를 발견한 철수가 눈을 동그랗게 뜨고 물었습니다.

"아침마다 몰래몰래 나가기에 따라와 봤지."

고양이가 세 아이를 안내한 곳에는 허름한 천막집이 있었습니다. 그곳에는 진돗개 한 마리가 묶여 있고, 아저씨는 그 옆에 서 있었습니다. 뒷모습만 보이는 그 아저씨는 술에 취한 듯 몸이 휘청거렸습니다.

"I like animals."

철수의 말에 나온이가 말했습니다.

"Me, too."

다온이가 나온이 말을 그대로 따라했습니다.

"Me, too."

"앗, 저 아저씨 좀 봐!"

나온이가 깜짝 놀라 외쳤습니다. 아저씨가 진돗개에게 마구 발길질을 하는 것입니다.

"아니, 저 아저씨가!"

철수가 달려 나가려고 하자 나온이가 붙잡으며 말했습니다.

"지금은 때가 별로 안 좋은 것 같아. 저 아저씨 얼굴을 보니 무척 험상궂게 생겼어. 그리고 지금 술 취한 것 같아."

"그럼 어떻게 하지? 저렇게 때리는 걸 보고 가만히 있을 순 없잖아."

철수가 부들부들 떨며 말했습니다. 나온이는 철수가 이렇게 화를 내는 건 처음 봅니다.

"증거를 확보하는 게 좋을 것 같아. 내일 사진기 들고 다시 오자."

"그래, 나온이 말이 맞아. 지금 나가 봤자 무슨 일을 당할지도 모르고, 시치미를 뗄 수도 있으니까."

한참 진돗개를 때리던 아저씨는 어딘가로 휭 발걸음을 옮겼습니다.

"He is so bad!"

아저씨의 모습이 보이지 않자. 철수와 나온이 그리고 다온이는 살금살금 진돗개가 있는 곳으로 다가갔습니다. 진돗개는 사람을 보자, 잔뜩 겁에 질려 비실비실 뒷걸음질을 쳤습니다.

"그동안 얼마나 괴롭힘을 당했으면 사람을 보기만 해도 눈

> **우리말 풀이**
>
> - I like animals.
>   나는 동물이 좋아.
> - Me, too. 나도.
> - He is so bad!
>   아저씨는 매우 나쁜 사람이야!

을 피하네."

"Take it easy. We will help you."

철수가 눈물을 글썽이며 진돗개를 쓰다듬었습니다.

"세상에, 세상에!"

진돗개는 두려움이 가득 담긴 두 눈을 들어 철수를 바라보았습니다. 마지막으로 언제 목욕을 했는지 하얀 털은 새까맣게 변해 있었고, 며칠을 굶었는지 몸 곳곳에 뼈가 앙상하게 드러났습니다.

"Look at his legs!"

진돗개는 뒷다리를 절뚝대며 제대로 걷지도 못 했습니다.

나온이와 다온이도 그 모습에 눈물을 뚝뚝 떨어뜨렸습니다.

"말 못 하는 동물이 무슨 죄가 있다고! 밥도 제대로 안 주고, 때리고 못살게 굴고."

철수는 진돗개를 쓰다듬어 준 후, 벌떡 일어섰습니다. 갑자기 어디서 나타났는지 아저씨가 다가왔습니다.

"아저씨, 왜 동물을 괴롭히는 거예요?"

"내가 언제 그랬다고 그래? 그리고 너희는 누구냐? 누군데 여길 함부로 들어오는 거야?"

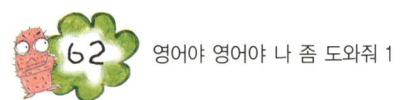

아저씨가 사나운 눈으로 노려보며 말했습니다. 눈동자가 시뻘겋게 충혈되어 보기만 해도 무서웠습니다.

"Don't pretend you don't know!"

"우리가 다 봤어요. 아저씨가 진돗개를 마구 때렸잖아요."

철수와 나온이는 용기를 내어 말했습니다.

"내가 언제? 너희 도대체 무슨 소리를 하는 거야? 내가 왜 진돗개를 때리겠냐?"

아저씨는 입가에 미소까지 띠며 말했습니다.

철수와 나온이는 어쩔 수 없이 그 집에서 나오며 속삭였습니다.

"내일은 꼭 사진기를 가지고 오자."

다음 날, 철수와 나온이, 다온이는 사진기를 들고 다시 천막 집으로 갔습니다. 나온이 일행이 도착했을 때 아저씨가 허리띠를 풀더니 진돗개를 향해 마구 휘둘렀습니다. 진돗개는 낮은 신음 소리를 내며 땅바닥에 납죽 엎드렸습니다.

우리말 풀이

- Take it easy. 안심해.
- We will help you. 우리가 너를 도와줄게.
- Look at his legs! 다리 좀 봐.
- Don't pretend you don't know! 시치미 떼지 마세요.

나온이는 사진기로 그 장면을 모두 찍었습니다. 그리고 찍은 사진을 동물 보호 협회에 보냈습니다. 그 후에 진돗개는 무사히 구출되어 동물 보호소로 보내졌습니다.

"나는 동물 보호 운동가가 되고 싶어."

"동물 보호 운동가? 너같이 공부 잘하는 아이가?"

"왜? 엄친아는 동물 보호 운동가 하면 안 되냐?"

"그게 아니고, 너는 엄친아라서 돈도 잘 벌 텐데 굳이 그걸 하겠다고 하니까……."

"박나온! 세상에서 가장 중요한 건 돈이 아니야. 자기가 좋아하는 일을 하는 거지. 나는 동물을 좋아하고, 그 동물들을 보호하고 도와주는 일을 하겠다는 말인데 그게 뭐가 어때서!"

나온이는 철수를 다시 보았습니다. 철수가 공부만 잘하고, 동물에는 별 관심을 두지 않는 아이라고 생각했는데 말입니다.

철수는 그날 이후로 계속 어른들을 졸랐습니다.

"키티를 집에 데리고 와서 키우게 해 주세요."

"키티가 누군데?"

할머니의 말에 철수가 설명을 했습니다. 예쁜 고양인데, 엄마를 잃어 혼자 떠돌고 있는 고양이라고, 이름이 없어 임시로

> **우리말 풀이**
> - I'm afraid of cats and I'm allergic to cat hair.
>   나는 고양이가 무서워. 그리고 털 알레르기도 있단 말이야.

키티라고 지었다고 말입니다.

할 수 없이 나온이네 가족들은 고양이를 키우는 문제에 대해 의논하려고 가족회의를 열었습니다. 엄마는 펄쩍 뛰면서 고양이를 데려오는 것에 반대했습니다.

"I'm afraid of cats and I'm allergic to cat hair."

"고양이가 있으면 쥐가 몽땅 사라질 텐데."

할머니와 할아버지의 말에 엄마가 입을 꾹 다물었습니다. 투표를 한 끝에 결국 5대2로 키티를 데려오기로 결정되었습니다. 그런데 고양이라면 질색하는 엄마가 키티를 보며 말했습니다.

"얘 이름이 키티라고? 키티보다는 연두라고 부르자. 아까 보니까 눈동자가 연두색이더라."

"와, 만세! 우리 엄마 만세!"

"만세, 동물들 만세! 동물을 사랑하는 우리 가족 만세!"

그림으로 배우는 영어

What animal do you like? 어떤 동물을 좋아하니?

I like tigers. 나는 호랑이를 좋아해.

● 나라별 상징 동물을 알아보아요

● 몸짓, 손짓으로 표현하기

영어 문화권 사람들은 감정이 풍부하여 표정이나 몸짓, 손짓을 자주 이용하는 편입니다. 우선 엄지와 검지로 동그라미를 그려 보이는 것은 '그래, 좋아!'를 의미합니다. 손가락 중에서 검지를 들어 좌우로 흔드는 것은 '안 돼!', '하지 마.'의 뜻이에요.

책 만들기 1

준비물 : A4 용지 1장, 가위, 색연필, 사인펜

1. 점선을 따라 세 번 접는다.

2. 실선 부분을 가위로 오린다.

3. 종이를 펼치고, 세로로 길게 접는다.

4. 가운데가 벌어지도록 종이의 끝부분을 누른다.

이렇게 만들어요

- 표지에 만들고 싶은 책의 제목을 써요.
  (예) animal, fruit, family
- 책 안쪽에 주제에 맞는 단어와 그림을 그려요.
  (예) lion, bear, cat
   tomato, orange, apple
   mother, father, sister

영어 퍼즐

1 동물 이름을 찾아보세요

ELEPHANT 코끼리   GIRAFFE 기린

LION 사자   BEAR 곰

H	E	H	K	L	G	A	D
I	A	E	D	E	I	K	O
C	G	F	W	C	R	J	F
E	L	E	P	H	A	N	T
L	I	D	M	J	F	W	C
B	O	K	A	L	F	M	F
E	N	W	O	B	E	A	R

❷ 학용품 이름을 찾아보세요

- BOOK 책
- ERASER 지우개
- NOTEBOOK 공책
- PENCIL 연필
- RULER 자
- GLUE 풀

T	U	R	N	B	V	R	B	L	J
G	L	U	E	I	L	M	K	D	Z
L	C	L	P	D	F	P	J	R	P
H	U	E	R	A	S	E	R	A	B
E	N	R	I	O	M	N	S	F	C
L	A	E	M	B	O	C	F	K	T
P	O	H	A	C	E	I	G	S	W
E	I	S	T	K	S	L	R	C	Z
K	P	N	O	T	E	B	O	O	K

3 채소와 과일 이름을 찾아보세요

- POTATO 감자
- ORANGE 오렌지
- PEACH 복숭아
- CORN 옥수수
- TOMATO 토마토
- BEAN 콩

```
T L I U W G S P L F
U A T H C D L G K T
I K J B O I A C E O
L P D E R C K O Z M
M O R A N G E J B A
Q T N N R D H L S T
W A M P A N O E L O
S T R P E A C H R Y
T O V H M R I S J Q
```

내 맘대로 시간표

날씨가 무척 더워졌습니다. 방학을 했는데도 요즘 나온이는 방과 후 수업에 나가고 있습니다. 미국으로 가기 전에 영어 공부를 더 해야 한다는 엄마의 주장 때문입니다.

"영어는 집에서 철수한테 배우면 되잖아. 그걸로 충분할 것 같은데……."

나온이의 말에 엄마가 단호하게 말했습니다.

"안 돼! 네 영어 실력으로 어떻게 미국 학교에 다닐 수 있겠어? 다 너를 위한 거니까 아무 소리 말고 열심히 해."

날도 더운데 공부를 하려니 정말 죽을 맛입니다. 철수는 여름방학 동안 태권도를 배우러 다닙니다.

"아이고, 방학이 되었어도 놀지 못하는 내 팔자!"

그런데 아침이 되자 좋은 생각이 떠올랐습니다. 얼른 서랍 속을 뒤져 겨울에 사용하는 손난로를 꺼내 문질러 열을 내고, 이마에 댔습니다. 몇 번을 그렇게 하니 이마가 뜨끈뜨끈해졌습니다. 그런 다음 나온이는 이부자리에 누운 채 눈을 감고 있었습니다.

"What are you doing? Wake up and you should go to study English."

> **우리말 풀이**
> - What are you doing? 뭐 하니?
> - Wake up and you should go to study English. 얼른 일어나서 영어 공부하러 가야지.

아침 준비를 하던 엄마가 나온이 방으로 들어왔습니다.
"What's the matter? Your cheeks have turned red."
엄마가 이마를 짚어 보더니 깜짝 놀라 말했습니다.
"Oh, my! Your body is burning-hot. You have a fever."
"엄마! 목도 아프고, 머리도 아파요."
나온이는 인상을 찡그리며 다 죽어가는 목소리로 말했습니다.
"그래, 알았어. 오늘 하루 쉬어야겠다. 누워 있어."
엄마가 나가자마자 나온이는 속으로 외쳤습니다.
'OK! Well done!'

동생 다온이는 유치원에서 1박 2일 캠프를 갔고, 철수는 태권도 도장에 갔습니다. 조용한 집 안이 왠지 낯설어 보입니다. 오전 내내 누워 있자니 답답하고 지루해 몸이 뒤틀립니다.

'아이들은 지금쯤 뭐 하고 있을까?'

영어 특별반 선생님이신 캐런의 얼굴이 떠오릅니다. 사실 영어는 싫지만 캐런 선생님은 언니 같아서 좋습니다.

캐런 선생님이 가장 잘 하는 말은 'You can do it!' 입니다. 그럴 때마다 나온이는 마음 속으로 'I can't do it.' 이라고 대답하고요.

"따르릉!"

전화벨이 울리자 나온이는 자리에서 일어나 마루로 나갔습니다.

"Hello."

전화 속의 목소리는 철수입니다.

"Are you OK?"

그러면서 철수는 나온이에게 먹고 싶은 것이 무엇이냐고 물었습니다.

"No, thanks."

꾀병인데도 이상하게 입맛이 없습니다. 하지만 철수는 자기 용돈을 털어 나온이가 좋아하는 떡볶이를 사 왔습니다.

"너, 솔직하게 말해 봐. 꾀병이었지?"

철수가 은근한 목소리로 묻자, 나온이는 화들짝 놀라 물었습니다.

"How did you know that?"

우리말 풀이

- What's the matter?
  무슨 일이야?
- Your cheeks have turned red.
  얼굴이 벌개졌네.
- Oh, my! Your body is burning-hot.
  어머머, 몸이 뜨거워.
- You have a fever.
  열이 있나 봐.
- OK! Well done!
  성공이다!
- I can't do it.
  난 할 수 없어요.
- Are you OK?
  너, 괜찮니?
- No, thanks.
  아니, 괜찮아.
- How did you know that?
  어떻게 알았어?

"그냥 그런 느낌이 들더라. 나도 수학만 생각하면 머리가 지끈지끈 아프거든."

"뭐라고? 너도 그런 과목이 있어? 너는 모든 과목을 잘해서 미국에서도 전과목 'A'를 받았잖아."

"A 받는 거 하고 좋아하는 건 아무 상관없어. 조금 노력하면 A는 맞을 수 있거든."

"결국은 내가 노력을 안 해서 못한다는 거네!"

나온이는 속으로는 철수의 말이 맞다고 생각하면서도 겉으로는 화가 난 척 입을 뾰로통하게 내밀었습니다. 하지만 엄친아 철수도 싫어하는 과목이 있다고 생각하니 왠지 기분이 좋아졌습니다.

"영어 때문에 스트레스 받지 마. 연습이 가장 중요해. 언어도 자전거 타기와 똑같아. 처음에는 뒤뚱뒤뚱 잘 못 타다가, 연습을 하고 또 하면 잘 타는 것처럼 말이야. 너는 지금 왕초보잖아. 이제 미국에 가서 실전 연습을 거치면 영어를 유창하게 할 수 있어. 용기를 내, 나온아."

나온이는 사실 영어에 대한 공포증이 있습니다. 그런데 지금은 공포증이 많이 사라졌습니다. 모든 게 다 철수 덕분입니다. 그리고 이제 영어를 유창하게 하고 싶다는 욕심도 생겼습니다.

"그런데 나온아! 미국에 가기 전에 과목에 대한 표현은 미리 배우고 가는 게 좋겠어."

"그래, 그래야 할 것 같아."

그래서 나온이는 철수와 함께 시간표를 만들어 보기로 했습니다. 말하자면 '내 맘대로 시간표' 입니다.

"첫째 시간부터 체육을 넣으면 어떡해?"

"너, 그거 모르는구나. 연구에 의하면 첫째 시간에 체육을

우리말 풀이

- Really? 정말?
- That's right! 그렇다니까!
- I watched it on the news. 내가 뉴스에서 본 거야.
- Wow! What an awesome schedule! 와, 환상적인 시간표다!

하면 뇌의 활동이 활발해져서 공부가 잘 된대."

"Really?"

"That's right! I watched it on the news."

"무슨 체육 시간이 이렇게 많아? 다섯 시간이나 되네."

"뭐 어때. 이건 내 맘대로 시간표잖아."

나온이는 싱글싱글 웃으며 자기가 짠 시간표를 바라보며 손뼉을 쳤습니다.

"Wow! What an awesome schedule!"

"그런데 그렇게 싫어하는 영어를 두 시간이나 넣었네?"

철수가 의아하다는 듯 말했습니다.

"아무리 싫어해도 영어는 해야 할 것 같아. 앞으로 세계로 뻗어 나가려면 말이야."

"그런데 국어는 두 시간 밖에 없네."

"한국 사람인데 뭐, 국어는 조금만 해도 괜찮아."

"그건 아닌 것 같은데, 한국 사람일수록 한국어를 더 열심히

> **우리말 풀이**
>
> - I want to study just three hours a day.
>   날마다 공부는 3시간만 했으면 좋겠어.

배워야 해."

그 말에 나온이는 얼굴이 붉어졌습니다. 나온이가 한국 사람이라고 해서 한국어를 아주 잘하는 건 아니기 때문입니다.

"I want to study just three hours a day."
"그건 나도 동감이야."
"넌 공부를 잘하니까 더 많이 하고 싶은 거 아니야?"
"무슨 소리! 나도 너랑 똑같은 평범한 어린이란 말이야. 공부 많이 하는 걸 좋아하는 애가 어딨어?"

나온이는 갑자기 철수에 대해 궁금증이 피어올랐습니다.

"그런데 어떻게 공부를 그렇게 잘하는 거야? 그 비결 좀 가르쳐 줘."
"비결? 비결은 없어. 그 시간 시간 집중해서 공부하면 되는 거야."

철수는 아주 쉽다는 듯 말했습니다.

"나도 이제부터 집중해서 공부할 테야. 그나저나 미국에 가면 공부 시간에 하나도 못 알아들을 텐데……."

나온이는 갑자기 시무룩해졌습니다.

그림으로 배우는 영어

What is your first class? 1교시 수업이 뭐야?

It's math. 수학 시간이야. It's science. 과학 시간이야.

● 과목을 부르는 단어를 알아보아요

Korean

English

Science

Math

Music

Art

● 든든한 아침 식사

미국 사람들은 아침에 주로 시리얼(cereal)을 우유와 섞어서 먹어요. 시리얼은 쌀, 보리, 콩, 밀, 옥수수, 팥, 조 등의 곡물을 말하는 거예요. 아주 먼 옛날에는 먹을 것을 찾아 이리저리 떠돌아다니는 생활을 했어요.
그런데 곡물을 심게 되면서부터 사람들은 한군데에 정착해서 살게 되었답니다.

한국 음식 홍보 대사

여기는 미국 동부 지역 버지니아 주 페어팩스 카운티입니다. 찰스네 집이 있는 곳이지요. 찰스네 집은 아담하고 예쁜 단독 주택입니다. 이곳 미국에는 아파트보다는 주택이 훨씬 많다고 합니다.

나온이는 영어를 배우기 위해 6개월 일정으로 이곳에 왔습니다. 앞으로 영어뿐만 아니라 미국 문화도 열심히 배울 예정입니다.

"Naon, Nice to meet you!

This is my husband, Philip. This is my mother-in-law."

찰스 엄마인 은실 이모가 영어로 가족 소개를 했습니다.

"그런데 엄마, 나온이에게는 너무 벅찬 영어예요. 한국말로 해주세요."

나온이가 부끄러워 고개를 숙이자, 찰스 아빠가 다가와 나온이에게 인사를 했습니다.

"Nice to meet you, Naon."

그러고 보니 찰스가 아빠를 많이 닮은 것 같습니다.

"mother-in-law는 무슨 뜻이야?"

"시어머니라는 뜻이야."

"찰스 너한테는 친할머니겠네."

나온이는 활짝 웃으며 휠체어에 앉아 있는 찰스 할머니에게 다가가 무릎을 꿇고 손을 잡았습니다.

"Nice to meet you, grandmother! I'm Naon."

그러자 찰스 할머니가 활짝 웃으며 나온이 손을 잡았습니다. 무슨 말을 할 듯 입을 벙긋거렸지만 아무 소리도 나지 않았습니다.

"할머니는 뇌졸중으로 몸을 마음대로 움직이지 못하시고, 말도 잘 못 하셔."

찰스의 말에 나온이는 한국에 계신 할머니, 할아버지를 떠올렸습니다.

'찰스 할머니에게 잘해 드려야지.'

나온이는 찰스 할머니의 손을 꼭 잡았습니다. 주글주글한 손이 참 따뜻했습니다.

은실 이모는 2층에 안 쓰는 방을 깨끗하게 치우고 레이스가 달린 커튼을 달아 주었습니다. 창문으로 밖을 보면 푸른 잔디밭과 작은 수영장이 보입니다. 그토록 원하던 침대도 있습니다. 나온이는 자신이 꼭 공주가 된 것 같은 느낌이 들어 기분이 좋았습니다.

> **우리말 풀이**
>
> - This is my husband, Philip.
>   이쪽은 나의 남편 필립이야.
> - This is my mother-in-law.
>   이분은 나의 시어머니야.
> - I'm getting nervous.
>   나, 너무 떨려.

드디어 학교에 가는 날입니다.

"I'm getting nervous."

"너답지 않게 왜 그래?"

"학교에 가서 말이 하나도 안 통하면 어떡하지?"

"당연히 말이 안 통하지! 뭘 그렇게 걱정해? 네가 제일 자신 있어 하는 body language 쓰면 되잖아."

찰스의 말에 나온이의 얼굴이 사과처럼 빨개졌습니다. 영어를 안 배우겠다고 고집부리던 때가 생각나서입니다.

'쳇! 두고 봐. 보란 듯이 영어 배워서 유창하게 말할 테니!'

나온이는 속으로 굳게 다짐했습니다.

나온이는 찰스와 함께 Kenwood 초등학교로 들어갔습니다. 그 학교는 유치원생부터 초등학교 6학년까지 다니는 학교입니다. 제일 먼저 교장 선생님을 뵙고 인사한 다음, 곧바로 교실로 들어갔습니다.

'Oh, there are only a few kids?'

나온이는 교실을 둘러보며 중얼거렸습니다.
'아직 수업이 시작되지 않았나?'
"One, two, three, four, five, six……."
나온이는 교실 안에 있는 아이들을 세어 보았습니다.
"세상에! 아이들이 왜 이렇게 적지?"

우리말 풀이

- Oh, there are only a few kids?
  어, 아이들이 왜 이렇게 적지?
- One, two, three, four, five, six…….
  하나, 둘, 셋, 넷, 다섯, 여섯…….

아이들은 모두 열세 명이었습니다. 담임 선생님의 이름은 수잔 헤이워드입니다. 나온이가 다니던 학교 원어민 선생님 캐런보다는 나이도 많고 뚱뚱하지만, 인상이 무척 인자해 보입니다.

첫째 시간이 끝나자 아이들이 나온이 자리 주위로 우르르 몰려옵니다. 나온이는 아이들과 반갑게 인사를 나눴습니다. 그런데 단 한 아이, 얼굴에 주근깨가 있는 남자아이만 인사를 나누지 않습니다.

"왜 저러지? 나를 쳐다보는 눈초리가 너무 무서워."

찰스는 나온이에게 다가와 귓속말로 말했습니다.

"Don't bother!"

"나도 그러고 싶은데 기분이 나빠."

"쟤 별명이 오죽하면 티라노사우루스일까?"

"Tyrannosaurus?"

"그래. 난폭하고, 심술궂고, 못된 공룡! 그러니까 너무 신경 쓰지 마."

나온이는 그 아이를 '티라노'라고 부르기로 했습니다. 아무리 신경을 안 쓰려고 해도 그 아이가 눈에 거슬립니다.

학교생활은 무척 재미있습니다. 말이 잘 안 통하는 것만 빼고 별다른 문제점은 없었습니다.

나온이는 한국에 대해 잘 모르는 이곳 아이들에게 어떻게 하면 한국을 알려 줄까 고민했습니다.

> 우리말 풀이
> - Don't bother!
>   신경 쓰지 마!
> - Tyrannosaurus
>   티라노사우루스
> - That's a good idea.
>   좋은 생각이다.

'한국 음식을 만들어 놓고 친구들을 초대하면 좋겠다.'

가장 먼저 은실 이모에게 이런 생각을 말했습니다.

"That's a good idea."

"음식만큼 사람을 가깝게 하는 것은 없단다."

찰스 아빠 필립도 고개를 끄덕였습니다. 찰스 할머니도 말은 안 했지만 동의한다는 듯 미소를 지었습니다.

나온이는 혼자서 식단을 짜 보기로 했습니다.

"외국 사람들이 가장 좋아한다는 불고기는 당연히 들어가는 거고, 우리나라 대표 음식인 된장찌개는 어떨까요?"

"불고기는 괜찮은데 된장찌개는 무리인 것 같아. 외국 사람들이 된장 냄새에는 아직 익숙하지 않으니까. 찰스 할머니도 다른 한국 음식은 잘 드시지만 아직 된장찌개는 못 드시거든. 필립은 좀 다르지만……. 필립은 어떤 한국 음식이든지 잘 먹는 편이야."

그래서 나온이는 외국인이 쉽게 먹을 수 있는 맵지 않은 음식을 준비하기로 했습니다.

"불고기와 상추쌈 그리고 하얀 쌀밥."

"I'll help you. Let's do it together."

찰스의 제안에 따라 나온이는 수업이 없는 토요일 오전, 은실 이모, 찰스와 함께 슈퍼마켓에 갔습니다. 각종 과일과 야채가 쌓여 있는 모습을 보자, 나온이의 입이 쩍 벌어졌습니다.

"There are so many kinds of fruits and vegetables! What is all this?"

나온이는 은실 이모의 도움을 받아, 간신히 재료를 몇 가지 샀습니다. 은실 이모는 불고기와 밥을 해 놓았습니다. 그리고 아이들을 위해 필립과 함께 할머니를 모시고 외출을 하셨습니다.

찰스는 가장 쉬운 상추를 씻고, 오이와 당근을 먹기 좋게 담아내는 일을 맡았습니다.

"와, 이제 됐다."

땀을 뻘뻘 흘리며 식탁에 음식을 차려 놓고 시계를 보니 벌써 12시가 다 되었습니다. 12시 30분. 점심 시간에 맞춰 열세 명의 아이들 중, 다섯 명의 친구들이 집에 왔습니다. 그중에 당연히 티라노는 없습니다.

아이들은 식탁에 차려진 한국 음식을 신기한 듯 바라봅니다. 아이들 중에는 불고기를 먹어 봤다는 아이가 두 명이나 있었습니다.

"Here, I'll show you how to eat this."

나온이와 찰스는 신이 나서 아이들에게 상추쌈은 어떻게 먹는지 시범을 보였습니다.

"자, 잘 봐. 상추를 손에 올려놓은 후, 밥과 불고기를 차례로 놓고 쌈장을 살짝 올린 다음에 잘 싸서 먹으면 돼."

아이들은 신기한 듯 넋을 잃고 나온이와 찰스를 바라봅니다. 그러고는 각자 상추를 손바닥에 펴고는 밥과 불고기를 올려놓고 쌈장을 넣느라 난리가 났습니다.

쌈장을 너무 많이 넣어 맵다고 혀를 내미는 아이, 눈물을 찔끔찔끔 흘리는 아이. 하지만 다들 열심히 먹습니다.

우리말 풀이

- I'll help you.
  내가 도와줄게.
- Let's do it together.
  우리 함께하자.
- There are so many kinds of fruits and vegetables!
  과일과 채소 종류가 정말 많다!
- What is all this?
  이게 다 뭐야?
- Here, I'll show you how to eat this.
  자, 어떻게 먹는지 보여줄게.

우리말 풀이
- Good! 좋아!
- Delicious! 맛있다!

"Good!"

"Delicious!"

아이들의 칭찬에 나온이의 어깨가 쓱 올라갔습니다.

"앞으로 한국 음식 많이 먹을 거야."

남자아이들의 말에 여자아이들이 말했습니다.

우리말 풀이

- Korean food is good for your health and diet.
  한국 음식은 몸에도 좋고, 체중 조절에도 좋대.
- Maybe that's why Korean women are all slim and pretty.
  그래서 한국 여자들은 모두 날씬하고 예쁜가 봐.
- There is always an exception.
  다 그런 건 아냐. 예외도 있어.
- Naon is pretty!
  나온이는 정말 예뻐!

"Korean food is good for your health and diet. Maybe that's why Korean women are all slim and pretty."

그 말에 찰스가 한마디 했습니다.

"There is always an exception."

찰스의 말에 아이들이 궁금하다는 듯 눈을 동그랗게 떴습니다.

찰스는 나온이를 향해 눈을 찡긋거렸습니다. 나온이는 화가 나 씩씩거렸습니다.

그걸 본 아이들이 고개를 저으며 말했습니다.

"Naon is pretty!"

그림으로 배우는 영어

Do you like bananas? 너, 바나나 좋아하니?

Of course! I like bananas. 물론이지! 바나나 좋아해.

● 시장에서 파는 식품의 이름을 배워요

● 지역마다 조금씩 다른 학년

미국에서는 초등학교를 'elementary school' 이라고 합니다. 중학교에 해당하는 학교는 'middle school' 이라고 하는 경우도 있지만, 보통 'junior high school' 과 'senior high school' 로 나뉘어져요. Junior high school은 7~8학년, senior high school은 9~12학년이 있어요.

색깔
겁쟁이 티라노

미국 아이들은 나온이를 볼 때마다 이렇게 말했습니다.
"Your eyes are so beautiful. So charming."
"뭐라고? 내 눈이 예쁘다고?"
나온이는 여태까지 눈이 예쁘다는 소리를 들어본 적이 없습니다. 가늘고 쌍꺼풀이 없어서 늘 기가 죽어 있었습니다.

아이들은 나온이를 부러운 듯 쳐다봤습니다.
"하하하. 난 미국에 오기 정말 잘했어. 미국이 내 체질에 딱 맞는 것 같아."
나온이가 들뜬 목소리로 말하자 찰스

는 머리 위에 손가락을 빙빙 돌리며 말했습니다.

"Are you out of your mind?"

하지만 나온이는 찰스의 말이 장난이란 것을 압니다.

반 아이들과 잘 지내고 있는데 딱 한 아이, 티라노만 나온이를 대 놓고 싫어합니다. 나온이가 먼저 인사를 해도 잘 받지 않고, 나온이 등에 'fool'이라는 쪽지를 붙인 적도 있습니다.

'What's wrong with him? Why does he hate me?'

아무리 생각해도 알 수가 없습니다.

학교 수업이 일찍 끝난 날, 나온이는 공원으로 산책을 나갔습니다. 이제 막 물들기 시작한 메이플(캐나다 단풍나무) 이파리의 빨간 빛깔이 환상적입니다. 커다란 도토리 나무도 꽤 많이 있습니다. 나무 밑에 도토리가 수북이 쌓여 있습니다. 이곳 사람들은 도토리를 먹지 않나 봅니다.

우리말 풀이

- Your eyes are so beautiful.
  네 눈은 정말 예뻐.
- So charming.
  정말 매력적이야.
- Are you out of your mind?
  너, 제정신이야?
- fool 바보
- What's wrong with him?
  티라노와 뭐가 잘못됐지?
- Why does he hate me?
  왜 나를 싫어하는 거야?

"할머니는 도토리를 주워서 묵을 만들어 주셨는데……."

나온이는 그 자리에 쪼그리고 앉아 도토리를 주웠습니다.

"You look like a beggar!"

무슨 소린가 해서 고개를 들어 보니, 자전거를 탄 티라노가 노려보고 있었습니다.

나온이가 벌떡 일어나자, 티라노가 커다란 나무 뒤에 몸을 숨겼습니다.

"비겁하게 숨기는 왜 숨어!"

나온이가 투덜투덜대며 걸음을 옮기자 티라노는 자전거를 타고 달려와 뒷머리를 사정없이 잡아당겼습니다. 그 바람에

나온이는 뒤로 벌러덩 넘어졌습니다. 티라노는 다시 자전거를 몰고 나무 뒤에 숨어 버렸습니다.

"What a wimp! Don't hide and step out!"

나온이는 자전거 뒤를 쫓아 달려갔습니다. 티라노는 약을 올리면서 요리조리 자전거를 몹니다. 공원이 어찌나 넓은지 어느새 티라노를 놓쳐 버렸습니다.

나온이는 씩씩대며 집으로 돌아왔습니다. 땀으로 흠뻑 젖은 나온이 머리를 본 은실

우리말 풀이
- You look like a beggar! 거지야!
- What a wimp! 비겁해!
- Don't hide and step out! 숨지 말고 나와!

이모가 깜짝 놀라 묻습니다.

"What's wrong? Are you hurt?"

나온이는 고개를 흔들며 그동안 있었던 일을 모두 이야기했습니다.

"호호, 티라노가 나온이를 좋아하는구나!"

"나를 좋아한다고요? 얼마나 못살게 구는데요."

"그건 순전히 관심의 표시야. 그렇게 생각하면 돼."

은실 이모도 초등학생 때 '아이스케키!'를 외치며 치마를 들치고, 고무줄을 끊고 도망가던 남자아이들이 얄미웠는데 나중에 알고 보니 다 은실 이모를 좋아해서 그런 거였다고 합니다. 관심이 없으면 그런 행동을 아예 하지 않는다는 거예요.

그렇지만 나온이는 티라노 때문에 너무나 괴롭습니다. 티라노는 자전거를 타고 마을을 돌아다니면서 나온이만 보면 혀를 쏙 내밀고 소리를 지릅니다.

"Get out of here, yellow!"

"뭐라고! 뭐라는 거야? 노랑?"

집에 와서 그 이야기를 찰스에게 했더니 찰스는 아마도 티라노가 나온이 얼굴 색깔이 자신과 다른 것을 가지고 무시하면서 그렇게 말한 것 같다고 했습니다.

'티라노, 두고 보자. 나의 매운맛을 보여 줄 테니.'

나온이는 속으로 단단히 결심했습니다.

그러던 어느 날이었습니다. 학교 체육관에서 태권도 연습을 하고 있는데 티라노가 농구공을 들고 들어오는 것이었습니다.

"티라노, 잘 만났다! 어디 한판 붙어 보자!"

나온이가 한국말로 말하며 태권도 폼을 잡았더니 티라노가 깜짝 놀라 얼어붙은 듯 제자리에 섰습니다.

"자, 덤벼 보라고! 여자라고 깔보고, 동양인이라고 깔보는 모양인데 어디 한번 붙어 보자고!"

나온이가 외치는 소리에 티라노는 겁에 질려 아무 말도 못했습니다.

"미안하다고 말하든지! 아니면 한판 붙든지!"

쩌렁쩌렁한 나온이의 목소리가 체육관을 울렸습니다.

"What's the matter?"

수잔 선생님의 목소리가 들렸습니다. 티라노의 눈에 갑자기

우리말 풀이

- What's wrong?
  무슨 일이니?
- Are you hurt?
  어디 아픈 거야?
- Get out of here, yellow!
  저리 가, 노랑아!
- What's the matter?
  무슨 일이니?

생기가 돌았습니다.

 티라노가 영어로 뭐라고 한참 이야기하자, 수잔 선생님이 고개를 끄덕이며 들었습니다. 나온이도 뭐라고 설명을 하려고 하는데 영어 단어가 생각나지 않았습니다. 억울한 일을 당했는데 아무 말도 할 수 없다는 생각에 나온이는 가슴이 턱 막혔습니다.

 '영어를 잘했더라면 티라노의 못된 짓을 다 얘기할 수 있었을 텐데······.'

나온이는 답답한 마음에 눈물이 뚝뚝 떨어졌습니다. 티라노의 의기양양한 얼굴을 보니 수잔 선생님은 나온이에게 잘못이 있다고 생각하는 눈치입니다.

나온이는 터덜터덜 집으로 돌아오는 수밖에 없었습니다.

그날 저녁 은실 이모는 수잔 선생님과 한참 동안 통화를 했습니다.

> 우리말 풀이
> - Oh, no. This is not fair.
>   아, 이건 공평하지 않아.
> - Mrs. Susan is fair.
>   수잔 선생님은 공평하신 분이야.
> - Don't worry so much.
>   아무 걱정하지 마.

"Oh, no. This is not fair."

나온이가 얼굴을 감싸 쥐고 말하자, 찰스가 다가와 말합니다.

"Mrs. Susan is fair. Don't worry so much."

통화를 마친 은실 이모가 나온이에게 말했습니다.

"이번 주 토요일 저녁에 수잔 선생님이 찰스와 나온이를 집으로 초대하신대."

"왜요? 왜 저를 초대해요?"

"미국에서는 초대하는 문화가 아주 많단다. 그러니 편하게 다녀오렴."

은실 이모가 나온이 등을 톡톡 두드리며 말했습니다. 하지만 나온이 마음은 편치 않았습니다.

시간은 흘러 드디어 토요일 오후가 되었습니다.

은실 이모의 말에 따라 나온이는 한국에서 가져온 개량한복으로 차려입고 찰스와 함께 수잔 선생님 댁으로 갔습니다.

"Wow, beautiful! Yellow and red!"

수잔 선생님은 나온이의 노랑 저고리와 빨간 치마를 보고 놀라 말했습니다.

식탁에는 어느새 음식이 차려져 있었습니다. 수잔 선생님이 자꾸만 시계를 봅니다.

그때 초인종이 울리더니 누군가가 들어옵니다. 바로 티라노였습니다. 검정 바지와 흰 셔츠를 입은 티라노의 모습은 딴 사람처럼 보입니다.

"Wow, wonderful! Black and white!"

티라노는 예의 바르게 말했습니다.

"I'm sorry. I'm late."

'쟤 완전 딴 사람이 됐네. 신

기한 일이야.'

나온이는 티라노를 힐끗 쳐다보았습니다. 식탁에 자리를 잡고 앉자, 수잔 선생님이 자신의 아들과 딸을 소개했습니다.

"Look. This is Nikhun from Cambodia, Yona from Zambia, Michael from Albania."

수잔 선생님은 아이들을 자랑스러운 듯 바라보며 말했습니다.

"여기 있는 아이들은 모두 가슴으로 낳은

우리말 풀이

- Wow, beautiful! Yellow and red!
  우아, 노랑과 빨강이 아름다워!
- Wow, wonderful! Black and white.
  우아, 검정과 흰색이 멋지다!
- I'm sorry. I'm late.
  늦어서 죄송합니다.
- Look. This is Nikhun from Cambodia, Yona from Zambia, Michael from Albania.
  자, 여기는 캄보디아에서 온 니쿤, 잠비아에서 데려온 요나, 알바니아에서 온 마이클이야.

> **우리말 풀이**
> - Let's try to get along well. 잘 지내보자.
> - sorry. 미안해.
> - That's all right. 괜찮아.

자식들이란다. 우리 집은 지구의 다양한 인종이 모여 살고 있는 작은 지구 마을이지."

수잔 선생님의 말씀에 티라노가 고개를 푹 숙였습니다.

찰스가 나온이 의자를 티라노 쪽으로 살며시 밀었습니다.

"왜? 왜 미는 거야?"

나온이의 불만 섞인 목소리에 찰스가 살짝 윙크를 하며 말했습니다.

"네가 먼저 다가가 봐."

나온이는 주춤주춤하다 티라노를 쳐다보며 중얼거렸습니다.

"Let's try to get along well."

티라노의 귓불이 새빨개졌습니다.

"Sorry."

"That's all right."

티라노, 알고 보니 겉모습과는 다른 아이였습니다. 겁도 많고 수줍음도 잘 타는 한마디로 말하면 '겁쟁이'였던 거지요.

그림으로 배우는 영어

What a beautiful sky! 하늘이 참 멋지다!

It's a blue sky. 파란 하늘이네.

● 여러 가지 색깔을 영어로 표현해요

red (빨간색)
orange (주황색)
yellow (노란색)
green (초록색)
blue (파란색)
indigo (남색)
violet (보라색)
brown (갈색)
white (흰색)
pink (분홍색)
black (검정색)

● 색깔이 나타내는 의미

미국 사람들도 우리와 마찬가지로 빨간색은 정열을 나타내요. 하지만 각 색깔이 상징하는 뜻이 다른 것도 많아요. 우리나라에서는 젊은 사람을 '새파란 젊은이' 라고 표현하지만, 영어로는 'a green youth' 라고 표현해요.

명절

그리운 한국

날씨가 점점 추워집니다. 미국 동부 페어펙스는 한국보다 위도가 높아서 겨울이 빨리 옵니다. 노랗게 빨갛게 단풍 옷으로 갈아입은 나뭇잎이 바람결에 우수수 떨어집니다. 그 모습을 보니 왠지 가슴이 쓸쓸하고 한국 생각이 납니다.

나온이가 아무 말 없이 나뭇잎을 바라보자, 찰스가 걱정스러운 듯 말했습니다.

"Do you feel homesick?"

"찰스, 너도 한국에 왔을 때 향수병에 걸렸었니?"

"아니!"

찰스가 고개를 설레설레 흔들자, 나온이가 풀 죽은 목소리로 말했습니다.

"나는 역시 모자라도 한참 모자라는 아인가 봐."

그러자 찰스가 활짝 웃으며 말했습니다.

"집에서 떨어져 있으면 향수병에 걸리는 게 당연한 거야. 향수병 없이 지냈던 내가 이상한 거지."

우리말 풀이

- Do you feel homesick?
  너, 향수병에 걸렸니?

잠이 들 때마다 나온이는 꿈을 꿉니다. 나온이는 한옥이 불편해서 싫다고 아파트로 이사 가자고 졸랐던 적이 한두 번이 아닙니다. 그런데 꿈속의 나온이는 한옥 드넓은 마루에 행복한 얼굴로 앉아 있습니다. 주위에는 할머니, 할아버지, 엄마, 아빠, 그리고 동생 다온이도 있습니다. 무슨 얘기를 하는지 깔깔 웃음꽃이 피어납니다.

　그러나 잠에서 깨어나 눈을 떠 보면 아무 것도 보이지 않습니다. 그리운 가족과 한옥도 없고, 그리운 풍경도 없습니다. 자꾸만 눈물이 나려고 합니다.

　참 그리고 보면 찰스는 대단한 아이입니다. 어떻게 혼자서 비행기 타고 한국에 올 생각을 했는지 모릅니다.

"나온, 6개월 언어 연수가 거의 끝나가고 있어. 기운 내렴."

은실 이모가 나온이를 꼭 껴안아 주었습니다.

"Can I call you mom?"

나온이는 은실 이모의 품에 안겨 말했습니다.

"그럼! 엄마 친구면 엄마랑 똑같은 거야. 아이고, 우리 나온이가 다 컸는지 알았더니 아직 아기구나!"

은실 이모의 말에 나온이가 배시시 웃었습니다. 그러면서 속으로 굳게 다짐했습니다.

'앞으로 집 생각하며 질질 짜지 않을 거야. 열심히 공부하고 돌아가면 우리 가족들이 얼마나 나를 대견해할까?'

날씨가 점점 추워지고 있습니다.

11월 넷째 목요일, 찰스네 집에 친척들이 모였습니다. 'Thanksgiving Day'이기 때문입니다. 이때는 학교도 모두 쉽니다. 추수감사절 휴가 때는 멀리 떨어져 살던 가족들이 다 모이는 날이기도 합니다. 한국의 추석과 비슷합니다.

찰스의 큰아버지와 큰어머니 그리고 작은아버지와 작은어머니도 왔습니다. 나온이는 자신 있게 다가가 먼저 인사를 합니다. 영어의 호칭은 참 간단하기 때문입니다.

"Hi, aunt! Hi, uncle!"

찰스의 사촌은 여섯 명이나 됩니다. 여섯 명 다 어찌나 식욕이 좋은지 커다란 칠면조를 두 마리나 구웠는데도 모자랄 지경입니다. 은실 이모는 호박 파이도 구웠습니다. 호박 파이는 처음 먹어 보는 음식인데 참 맛있습니다.

"추수감사절은 가을에 수확을 잘한 것에 대해 감사하는 날

우리말 풀이

- Can I call you mom?
  엄마라고 불러도 되죠?
- Thanksgiving Day
  추수감사절

이죠?"

나온이의 말에 찰스 아빠가 추수감사절의 유래에 대해 자세히 이야기해 주었습니다.

"1620년 무렵 아메리카 땅에 들어온 영국 사람들이 처음으로 농작물을 수확한 것을 기뻐하며 하늘에 감사를 드렸단다. 그때부터 추수감사절이 시작되었어."

"The British?"

나온이는 눈을 동그랗게 떴습니다.

"아하! 나온이에게 그것부터 설명해 주어야겠구나. 종교 문제 때문에 영국 사람들이 배를 타고 와서 정착한 게 이곳 미국이란다."

"Then, the British are the ancestors of Americans."

"그렇다고 할 수 있지. 그러니까 같은 언어를 쓰는 거고."

나온이는 고개를 끄덕였습니다.

"Thanksgiving day is like Chuseok in Korea."

나온이의 말에 찰스의 작은어머니가 한국의 추석에 대해 알

> **우리말 풀이**
>
> - The British?
>   영국 사람요?
> - Then, the British are the ancestors of Americans.
>   아, 그렇다면 영국 사람은 미국 사람의 조상이네요.
> - Thanksgiving day is like Chuseok in Korea.
>   추수감사절은 한국의 추석과 비슷한 명절이에요.

고 싶다고 했습니다.

"한국에서도 가족이 이렇게 한자리에 모여 맛있는 음식을 나눠 먹어요. 참! 동그랗게 둘러앉아 송편을 만들지요."

그러자 찰스가 중간에 끼어들어 말했습니다.

"Songpyon is one of the rice cakes, and it's my favorite."

그러면서 찰스는 입맛을 다셨습니다. 나온이는 신이 나서 추석에 대해 설명을 했습니다.

"저녁에는 달을 보고 소원을 빌어요. 그리고 둥그런 보름달 아래에서 강강술래 춤을 추기도 하지요."

나온이는 말할 것은 많은데 영어가 짧아 잘 설명하지 못하는 것이 안타까워 발을 동동 구릅니다. 그러다 자기 방으로 올라가 스케치북을 가져왔습니다. 얼른 스케치북에 송편을 그리고, 강강술래 춤을 추는 모습도 그립니다.

"Looks delicious! The dance is fantastic!"

찰스 가족들이 입을 모아 이야기했습니다.

"Can you teach us Ganggangsulae?"

나온이는 잠시 망설였습니다. 사실 강강술래 춤은 손을 잡고 원을 만들어 빙빙 돌기만 하면 됩니다. 하지만 강강술래 노래는 자신이 없습니다. 그렇다고 포기할 나온이가 아닙니다. 나온이는 즉석에서 얼른 가사를 만들었습니다. 나온이가 만든 가사를 찰스가 통역해 주었습니다.

> 한국의 숏다리 박나온이 강강술래~
> 영어를 배우려고 왔다네 강강술래~
> 그런데 영어보다 더 좋은 건 강강술래~
> 찰스의 가족들이라네 강강술래~
> 오늘 추수감사절을 맞아 강강술래~
> 여기 모이신 모든 분들의 강강술래~
> 건강과 행복을 기원합니다 강강술래~

우리말 풀이

- Songpyon is one of the rice cakes, and it's my favorite.
  송편은 떡의 한 종류로 내가 제일 좋아하는 떡이에요.
- Looks delicious!
  맛있겠다!
- The dance is fantastic!
  춤도 멋있는데!
- Can you teach us Ganggangsulae?
  우리에게 강강술래 춤을 가르쳐 줄 수 있겠니?

나온이는 노래를 하고, 찰스의 친척들은 동그랗게 원을 만들어 춤을 춥니다. 뭐가 그리도 재미있는지 깔깔 웃으며 빙빙 돌고 또 돕니다.

휠체어에 앉아 그 모습을 지켜보던 찰스 할머니가 더듬더듬 말했습니다.

"I, I want to go to Korea."

"할머니, 얼른 나으셔서 한국에 놀러 오세요. 꼭이오!"

나온이는 할머니랑 새끼손가락을 걸어 약속했습니다. 엄지로 도장까지 찍는 시늉을 하자, 할머니가 떨리는 목소리로 대답했습니다.

"O, Okay……."

그때였습니다. 현관 초인종이 울리고, 찰스가 나가더니 크게 외쳤습니다.

"여러분! 드디어 깜짝 선물이 도착했어요."

그 말에 다들 눈을 마주치며 바라보았습니다.

"이 선물을 받을 사람은 박나온입니다."

"나라고? 나에게 선물이 왔다고?"

선물이라는 말에 나온이의 입이 함박만 하게 벌어졌습니다.

"그런데 이 선물은 너무나 커서 배달이 불가능하니, 직접 현관까지 와서 가져가야겠네요."

> **우리말 풀이**
> - I want to go to Korea.
>   나, 한국에 가고 싶어.
> - Okay. 그래.

우리말 풀이

· Today is the happiest day!
  오늘은 최고로 기쁜 날이야!
· It's the best holiday!
  최고의 명절이야!

찰스의 말에 모두 입가에 미소를 짓고 나온이를 쳐다봤습니다.

나온이는 현관 쪽으로 달려 나가 문을 열었습니다.

"Grandma! Grandpa!"

세상에 이럴 수가! 할머니와 할아버지 그리고 가온이 언니가 현관 앞에 우뚝 서 있었습니다.

"네가 향수병 걸렸다고 해서 내가 할머니, 할아버지 모시고 온 거야. 마침 우리 고등학교 대표로 내가 세계 수학 경시대회에 참가하게 되었거든."

"Today is the happiest day! It's the best holiday!"

나온이는 할머니, 할아버지 품에 폭 안겼습니다. 오랜만에 할머니, 할아버지의 포근한 가슴에 안겨 있으니 얼마나 행복한지 모릅니다.

그림으로 배우는 영어

What special day is today? 오늘이 무슨 날이지?

Today is my birthday. 오늘은 내 생일이야.

● 열두 달과 우리나라 기념일을 영어로 배워요

 New Year's Day(새해)
January

February

March

 Arbor Day (식목일)
April

 Children's Day(어린이날)
May

  Memorial Day (현충일)
June

July

August

September

  Armed Forces Day (국군의날)
October

November

 Christmas (성탄절)
December

● 건물의 층수 말하기

미국 사람들은 건물의 층수를 나타낼 때 1층을 first floor(1st floor), 2층을 second floor(2nd floor), 3층을 third floor(3rd floor)라고 하지만 영국 사람들은 1층을 ground floor라고 한다. 그래서 영국 사람들이 생각하는 1층은 우리가 생각하는 2층을 말하는 것이다.

산타클로스 할머니
선물

　수학 경시대회를 잘 치른 가온이 언니는 학교 수업 때문에 돌아가고, 할머니 할아버지도 보름 동안의 관광을 마치고 바삐 한국으로 돌아가셨습니다.
　"아이고, 나는 미국에서는 도저히 못 살겠다. 된장찌개 먹고 싶어 어찌 살겠어?"
　"나도 마찬가지야. 한국 사람은 역시 한국 음식 먹고, 한국에서 살아야 해."
　할아버지와 할머니의 말에 나온이는 고개를 끄덕였습니다. 미국에서는 이런 일도 있었다고 합니다. 어떤 한국 사람이 된장찌개를 끓였는데 같은 아파트에 사는 미국인이 경찰에 신고를 한 것입니다.

할머니는 나온이에게 당부를 하며 떠났습니다.

"나온아, 찰스 할머니에게 잘해 드려라."

나온이는 날마다 찰스 할머니 머리도 빗겨 드리고, 말동무도 되어 드립니다. 어떤 때는 휠체어를 밀고 공원으로 산책을 나가기도 합니다. 할머니는 비록 말은 잘 못 해도 나온이를 무척 좋아합니다.

"She's getting a lot better thanks to Naon. Thank you very much. God has blessed us."

찰스 아빠 필립이 가온이 뺨에 가볍게 뽀뽀를 해주었습니다. 나온이는 자신이 다른 사람들을 기쁘게 해줄 수 있다는 사실이 정말 즐거웠습니다.

일주일만 있으면 크리스마스 방학이 시작됩니다. 미국의 겨울방학은 그다지 길지 않습니다. 그 대신 중간 중간 짧은 방학이 들어 있습니다. 크리스마스 방학은 1월 첫째 주까지 이어집니다.

나온이는 찰스와 함께 창밖을 보았습니다. 하늘이 흐린 걸 보니 눈이 올 듯합니다.

"한국 할머니라면 날씨를 정확히 맞히셨을 텐데. 아이고, 다리가 쑤시는 걸 보니 내일 비가 오겠어."

찰스는 할머니 흉내를 내며 말했습니다.

"Will it snow on Christmas?"

"눈이 올 확률이 거의 100퍼센트야! 여기 동부 지역은 눈이 아주 많이 오거든."

크리스마스 방학을 사흘 앞둔 날, 드디어 눈이 내리기 시작했습니다. 하루 종일 내리고도 모자라 그 다음 날까지 이어졌습니다. 결국 눈 때문에 휴교령이 내려졌습니다.

"와, 만세! 학교 안 가도 된다!"

나온이와 찰스는 두 손을 번쩍 들고 외쳤습니다.

무릎까지 쌓인 눈 때문에 나온이는 입이 쩍 벌어졌습니다.

"Let's go out to the backyard and ride a sled over snow!"

찰스가 지하실에서 썰매를 찾아 나왔습니다. 나온이도 밖으로 뛰어나갔습니다. 하지만 생각보다 썰매 타기가 쉽지 않습니다. 눈이 너무 많이 와서 발이 퍽퍽 빠집니다. 퇴근한 찰스 아빠가 썰매 길을 만들어 주셨습니다. 동네 아이들이 모두 나와 썰매를 탑니다.

"Kids! Let's decorate the Christmas tree!"

은실 이모가 어서 들어오라고 손짓했습니다.

우리말 풀이

- She's getting a lot better thanks to Naon.
  나온이 덕분에 하루하루 눈에 띄게 좋아지고 있어.
- Thank you very much.
  정말 고맙다.
- God has blessed us.
  하느님이 우리를 축복하신 거야.
- Will it snow on Christmas?
  크리스마스에 눈이 오겠지?
- Let's go out to the backyard and ride a sled over snow!
  뒤뜰에 나가서 썰매 타자!
- Kids! Let's decorate the Christmas tree!
  얘들아, 크리스마스 트리 만들어야지!

"찰스, 다락방에 가서 트리 상자 찾아오렴."

나온이는 찰스를 따라 지붕 밑에 있는 다락방으로 올라갔습니다. 다락방에는 온갖 물건이 다 있습니다. 오래된 라디오도 있고, 찰스가 갓난아기 때 가지고 놀던 장난감도 그대로 다 있습니다. 쌓여 있는 상자 위에는 이름표가 붙어 있습니다. 찰스는 익숙한 솜씨로 상자를 뒤지더니, 상자 하나를 꺼냈습니다.

"어, 이게 뭐야?"

찰스 할머니의 상자 속에는 돌아가신 할아버지와의 추억이 담긴 물건들이 가득 들어 있습니다. 찰스 할아버지와 주고받은 연애편지와 찰스 할아버지에게 받은 선물이 가득했습니다.

찰스와 나온이는 할머니, 엄마, 아빠와 함께 크리스마스 트리를 만들었습니다. 찰스 아빠가 사 오신 전나무에서는 향긋한 나무 냄새가 풍깁니다.

나무 꼭대기에 황금 별을 달자, 드디어 크리스마스 트리가 완성되었습니다.

나온이는 창밖을 보았습니다. 눈이 펑펑 내립니다. 나온이는 일주일 전 가족들에게 크리스마스 카드를 보냈습니다.

'지금쯤, 한국에서도 크리스마스 기분이 나겠지? 트리는 만

들었을까?'

다온이 성화에 분명 만들었을 겁니다. 나온이네 집은 마당 뜰에 심어져 있는 작은 소나무에 트리를 만듭니다.

이튿날, 나온이는 잠에서 깨어나자마자 거실로 뛰어나갔습니다. 찰스도 벌써 잠에서 깨어 선물을 챙기고 있는 중입니다.

나온이 이름이 적힌 선물 상자가 세 개나 있습니다. 하나는 은실 이모가, 또 하나는 찰스 아빠가, 제일 작은 상자는 찰스가 준비한 선물입니다.

"와, 내가 갖고 싶었던 선물이다!"

나온이는 소리를 지르며 호들갑을 떨었습니다. 찰스 아빠는 장갑과 모자를, 은실 이모는 직접 만든 인형을, 그리고 찰스는 나온이가 갖고 싶었던 미국 가수의 CD 두 장을 선물로 준비했습니다.

찰스는 부모님에게 게임기를 선물로 받았습니다.

"나온, 고마워. 네가 준 선물이 제일 맘에 든다."

찰스는 나온이에게 받은 모자를 들어 보이며 말했습니다.

그때 산타 복장을 한 찰스 할머니가 휠체어를 타고 나타나셨습니다.

"My grandma is awesome!"

나온이가 손뼉을 치며 말했습니다.

"Grandma, where is Rudolph?"

찰스의 말에 할머니가 싱긋 웃으며 떠듬떠듬 말을 하셨습니다.

"On vacation."

휴가를 보냈다는 뜻입니다.

"Where to?"

"To Korea!"

> **우리말 풀이**
> - My grandma is awesome!
>   우리 할머니 정말 멋지다!
> - Grandma, where is Rudolph?
>   할머니, 근데 루돌프는 어디 갔어요?
> - On vacation
>   휴가 보냈어.
> - Where to? 어디로요?
> - To Korea! 한국으로!

할머니 말을 해석해 보면 루돌프 여자 친구가 한국에 살고 있어서 이번 크리스마스 휴가 때 한국으로 보냈다는 것입니다. 할머니의 유머에 모두 배꼽을 쥐고 웃었습니다.

할머니는 휠체어 옆에 있는 큰 자루 속에서 상자 두 개를 꺼냈습니다. 하나는 찰스, 또 하나는 나온이 것입니다.

나온이는 두근두근 떨리는 마음으로 상자를 받았습니다. 찰스도 마찬가지인가 봅니다. 그동안 병석에 누워 계시던 할머니에게 직접 크리스마스 선물을 받게 되다니! 정말 기적 같은 일이 일어난 것입니다.

 나온이는 상자 속에 들어 있는 드레스를 보고 깜짝 놀랐습니다. 아무리 보아도 그건 분명 웨딩드레스였습니다.
 "나온아, 그거 할머니가 입었던 웨딩드레스야. 할머니는 딸이 없으니까 너에게 물려주는 거란다."
 "예?"

나온이는 정말 깜짝 놀랐습니다. 그렇게 오래전 드레스를 지금까지 잘 간직하고 있다는 사실도 놀랍고, 그렇게 오래되었는데

새것처럼 잘 보관해 왔다는 사실도 놀랍습니다. 그리고 가장 놀라운 것은 그 보물 같은 드레스를 나온이가 받았다는 것입니다.

"와, 이제 드레스가 있으니 신랑만 구하면 되겠네!"

찰스 아빠의 농담에 나온이는 부끄러워 고개를 숙였습니다.

그때 찰스가 자기를 가리키며 한마디 했습니다.

"멀리서 찾을 생각하지 말고 가까운 데서 찾아!"

"What? Don't tease me!"

나온이의 말에 찰스가 눈을 동그랗게 뜨고 말했습니다.

"놀리다니! 진심이야. 오늘같이 멋진 날에 내가 왜 농담을 하겠어?"

나온이의 얼굴이 더욱더 빨개졌습니다.

"어이구, 내가 못 살아. 여기가 한국이라면 한 대 때릴 텐데 미국이라서 참는다!"

그 말에 은실 이모가 활짝 웃으며 말했습니다.

우리말 풀이

- I'm glad you like your present.
  선물이 마음에 들어 다행이다.
- Stop fighting, and let's have breakfast.
  아침부터 싸우지 말고 맛있는 아침 먹자.
- Yay! We are hungry!
  예! 배고파요!

"I'm glad you like your present. Stop fighting, and let's have breakfast."

"Yay! We are hungry!"

나온이와 찰스는 할머니 휠체어를 부엌 쪽으로 밀며 크게 외쳤습니다.

나온이가 찰스에게 작은 소리로 물었습니다.

"참! 네 선물은 뭐야?"

"아침 먹고 함께 보자."

행복이 소록소록 피어나는 크리스마스 아침 풍경입니다.

그림으로 배우는 영어

What do you want for Christmas? 크리스마스 때 무엇을 받고 싶니?

I want a soccer ball. 축구공을 갖고 싶어.

● 선물의 이름을 알아보아요

backpack(배낭)　globe(지구본)　robot(로봇)　in-line skates(인라인 스케이트)

doll(인형)　glove(글러브)　soccer ball(축구공)　video game console(게임기)

● 중고품을 파는 차고 세일(Garage sale)

차고 세일은 싫증난 장난감이나 사용하지 않는 다양한 물건들을 자기 집 창고나 차고 또는 마당에 늘어놓고 아주 싼 가격으로 파는 거예요. 차고 세일을 통해 미국 사람들이 얼마나 아껴 쓰고 검소한지 알 수 있어요.

책 만들기 2

준비물 : A4 용지 1장, 가위, 색연필, 사인펜

1. A4 용지를 반으로 자른다.

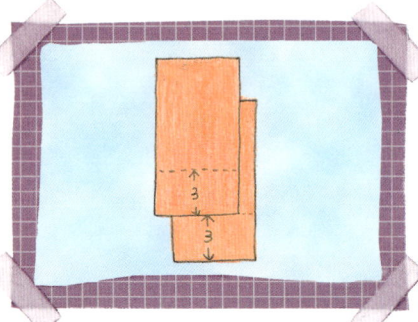

2. 종이 끝이 3cm 정도씩 보이도록 겹쳐 놓는다.

3. 그림과 같이 계단 모양으로 접는다.

4. 접은 곳에 구멍을 뚫고 묶는다.

이렇게 활용해요

- 친구와 책을 보며 영어 말하기 연습을 해요.
  (예) This is a turtle.

- 책을 보며 내가 좋아하는 동물을 말하고, 그 동물을 좋아하는지 친구에게 물어봐요.
  (예) A: I like rabbits. Do you like rabbits?
  　　B: Yes, I do.

4 계절을 나타내는 단어를 찾아보세요

SPRING 봄   SUMMER 여름

FALL 가을   WINTER 겨울

A	T	E	S	C	R	K	B
F	S	U	M	M	E	R	L
B	P	C	E	H	C	S	F
U	R	K	A	D	J	T	A
W	I	N	T	E	R	D	L
D	N	P	C	M	K	U	L
E	G	B	E	M	A	W	Z

5 우리 몸과 관련된 단어를 찾아보세요

- FACE 얼굴
- HAND 손
- FOOT 발
- ARM 팔
- WAIST 허리
- LEG 다리

F	O	O	T	J	D	A	U	R	A
I	M	C	R	H	P	H	E	O	F
G	E	S	F	Q	B	V	A	X	Z
O	T	H	A	N	D	K	A	B	E
B	K	T	C	S	A	M	R	L	C
M	B	O	E	Y	K	D	M	E	L
C	L	I	E	N	G	H	S	G	C
L	D	I	G	H	A	O	D	M	C
U	E	H	D	W	A	I	S	T	D

6 음식 이름을 찾아보세요

- MILK 우유
- COOKIE 과자
- ICE CREAM 아이스크림
- EGG 달걀
- JUICE 주스
- BREAD 빵

K	T	F	U	M	I	V	B	Z	W
A	J	S	D	F	E	M	R	B	I
L	P	I	C	E	C	R	E	A	M
Q	M	J	N	K	L	E	A	P	I
D	F	A	I	B	J	L	D	H	L
O	R	G	L	A	U	H	E	M	K
M	C	O	O	K	I	E	G	K	J
D	N	L	E	I	C	O	A	E	O
T	B	R	J	N	E	G	G	L	A

7 미술 도구 이름을 찾아보세요

- PASTEL 파스텔
- PALETTE 팔레트
- EASEL 이젤
- BRUSH 붓
- CRAYON 크레파스
- INK 잉크

P	A	S	T	E	L	L	K	P	X
K	N	E	H	K	C	F	C	A	K
Q	W	A	T	E	R	C	O	L	O
L	H	S	C	T	A	H	M	E	M
C	M	E	L	C	Y	B	J	T	I
E	S	L	G	H	O	E	G	T	F
R	A	J	S	I	N	K	P	E	O
T	H	M	E	O	B	J	C	D	A
B	N	F	D	O	B	R	U	S	H